行走中国

白山黑水
诗意黑龙江

上海故事会文化传媒有限公司
上海锦绣文章出版社

图书在版编目（CIP）数据

白山黑水：诗意黑龙江 / 刘沙 著.-上海：上海锦绣文章出版社，2011.2
（行走中国）
ISBN 978-7-5452-0832-0
I.①白… II.①刘… III.①黑龙江省-概况 IV.①K923.5
中国版本图书馆CIP数据核字（2011）第015662号

总策划	何承伟
监　制	吕石明
责任编辑	李　欣
特约审读	王瑞祥
封面设计	周艳梅
版式设计	
责任督印	张　凯

书　名
白山黑水——诗意黑龙江
著　者
刘　沙
出　版
上海锦绣文章出版社·上海故事会文化传媒有限公司
地址：上海绍兴路74号
电子信箱：cslcm@public.sta.net.cn
网址：www.storychina.cn
发　行
上海文艺出版(集团)有限公司
电　话：021-60878676
　　　　021-60878682
传　真：021-60878662
地　址：上海打浦路443号荣科大厦1501室
电子邮箱：wyfx2088@163.com
邮　编：200023
印　制
上海中华商务联合印刷有限公司
规　格
787mm×1092mm　1/16　印张：9.75
版　次
2011年2月第1版　2011年2月第1次印刷
书　号
ISBN 978-7-5452-0832-0/K·288
定　价
39.00元

告读者 如发现本书有质量问题，请与印刷厂质量科联系　T：021-59226097

STORIES

上海故事会文化传媒有限公司　出品
(00376)

江山多娇 魂脉永系

总序

历史文化图书《话说中国》的工作暂告一段落后,我随即开始了它的延伸产品——中国地理文化系列的图书出版工程《行走中国》的策划和编辑。与《话说中国》的策划思路一脉相承,《行走中国》系列丛书是要秉持"普及人文地理知识,弘扬祖国民族文化"的编辑方针,结合更多的文化资源,向广大读者倾力推出又一批大众文化精品力作。

《行走中国》,顾名思义,显然要讲祖国的地理知识,讲我们脚下的这块大地的故事。但如果光讲自然地理,不讲生活在这块美丽的大地上的人,不讲我们民族的先人在历史长河中创造的绚丽的文明,也许难以激发我们对中华民族生存的这块大地的激情,更难以激发对曾经为她付出辛勤劳动乃至献出自己生命的先驱们的崇敬,我们面对的这块大地会因此失去光彩,这套丛书也会因此失去灵魂。

显然,《行走中国》要做到人与大地的结合,也就是地理与文化的结合。这就是编辑出版这套地理文化系列丛书的宗旨。

面对祖国神秘的高原、险峻的峡谷、辽阔的草原、巍峨的群山、万年的冰川、奔腾的大河、澄净的湖泊、浩瀚的森林以及这自然界的万物,我们可以无比自豪地说,在中华民族生存的这块大地上,我们拥有着其他国家难以比拟的地质地貌和自然风光。

《行走中国》将带你走进被喻为"世界屋脊"和"地球第三极"的青藏高原,探寻世界上最幽深、最奇险、最壮阔的地质地貌:峻美的雪山、圣洁的湖泊,就像高原神灵的化身,神秘而美丽。而每逢盛夏,广袤的草原之上,杜鹃花盛开、点地梅争妍、黄羊奔突、野驴悠闲、云雀恬唱、雪鸡盘旋,又完全是一派动植物天堂的景象。

《行走中国》将带你走进中国乃至世界地理环境最复杂的地区之一——被联合国教科文组织列为世界自然遗产的"三江并流"地区。发源于青藏高原冰山雪峰中的怒江、澜沧江、金沙江这三条大江并肩南行,飞流直下,一泻千里。"三江并流"的名字由此而来。在这里,山河险阻,雪峰林立,高大的雪山和滚滚长河构成了滇西北地区大山大水大气派的地形地貌,也成就了一块神奇雄壮的土地。身临其境,人们的精神就会飞越万水千山,眼前展现的是一个圣洁的世界,那样洁净、明亮,没有一丝杂质。

《行走中国》的力量,不仅使我们为祖国的壮丽河山所惊叹、所感动,为大自然的鬼斧神工、神奇造化所折服,更使我们的灵魂为一种人类文明的力量所震撼,那就是中华民族在这片神奇的土地上披荆斩棘、生生不息，在历史长河里所创造的灿烂文明。

今天在中国的大地上，到处都留下了我们民族世代相承的文明遗迹。这些文明遗迹，有的是无形的、有的是具实的；有的深处崎岖险地、有的遗落于风景绝胜，它们长存于天地之间、和谐于自然之中，依附于大地也照亮了大地。而如果要说最具代表性、最密切地关联着中国自然地理的古代文明遗迹，则无疑要数绵延万里连接中西商贸及文化交往的古代"丝绸之路"、被誉为"世界一大奇观"的万里长城，以及遍布祖国大江南北的旷世奇观——古代建筑地标。

这些也正是《行走中国》要带你穿过的必经之路。

在这几条路上，我们将充分了解中华民族在几千年前如何打通连接欧亚大陆之路，为世界文明发展所做出的贡献；我们将充分认知，中国古代建筑，如何独树一帜，并影响了许多亚洲国家，成为和伊斯兰建筑、欧洲建筑并列的世界三大主要建筑体系之一；我们会更加坚信：长城，不仅是为了抵御外来入侵而建造的，她绵延万里的雄伟身姿，已成为中华民族的形象符号，深深镌刻在人们的脑海里，挥之不去，每个中华儿女，都为祖国拥有万里长城而感到骄傲。

何承伟
上海文艺出版社集团总编辑
《话说中国》《行走中国》总策划

《行走中国》，让我们循着大自然的瑰丽，沿着古文明的踪迹，期待着一次次震撼和感动。与此同时，一路走去，我们将接触生活在这片土地上的，不同习俗、不同语言、不同信仰的不同民族，他们多姿多彩的生活，让华夏大地异彩纷呈、魅力无限。正是这些绽放在中国大地上绚烂的民族之花，给沉寂的大地带来了无限生机和魅力。一路走去，我们还将沿着历代英雄的足迹，遥想他们为民族的生存发展所创建的丰功伟绩，以激励自己为中华民族的振兴，做出自己应有的贡献。

壮丽的自然风光，灿烂的中华文化遗产，是我们祖国的瑰宝。在大地之上建设着家园、创造着文化、守护着文明、延续着民族精神的华夏儿女，更是这片神奇土地永恒的灵魂。《行走中国》，固然是对中国自然地理、历史文明的一次深刻的记录，更是一场关于中华民族精神的激情呈现。

我深深地相信，读完《行走中国》，你会更加热爱中华民族赖以生存的这块大地和生活在这块美丽大地上的人民。

品阅祖国大地华美篇章的途径
——本书导读示意图——

以地理文化为核心的《行走中国》系列，以生动活泼的讲述方式，汇集众多著名摄影家的珍贵摄影作品，向读者娓娓诉说祖国大地的起伏沧桑，人文风情，是一部熔地理、历史、生态、民族、考古、民俗、建筑等学科知识于一炉的中国地理百科丛书。

为方便读者迅速进入本书的阅读，我们特设计本导读示意图，为您一一解析本书丰富多样的构成元素，使您能够轻松自如地品阅华夏大地的秀丽河山。

随时感受地理文化的浓郁气息与编纂创意的独具匠心
整个版面构成灵动而不失规矩，大气中又着意细节，充分体现出本书知识信息密集、图文并重、元素丰富、检索便捷的特点，使读者在本书任何一个页面上，都能感受到地理文化的浓郁气息与编纂创意的独具匠心。

多元、密集的知识性信息，构成了全书另一个重要组成部分
专栏的设计，弥补了正文叙述中知识点不足的局限，使全书的信息得到有效的扩充和延伸。这些经过精心选择的练达的知识板块，内容丰富，不拘一格。或进一步注释正文的要点，或由某一处引申开去，广涉相关的人文地理知识；或讲述一地一物，或上下百年，跨越千里，使读者在享受畅快阅读的同时，从中感受到理性与感性的交织，获得丰富的地理文化知识。

大量独具身临其境感受的图片系统
图片内容涵盖面广泛，能够深入呈现主题。拍摄角度细腻独到，极富现场感，立体凸现了中华大地上各种独具一格的地理地貌、自然风光，反映了文化、宗教、民风民俗、社会生活等各方面的发展变化，堪称是地理文化的全息图像。

索引系统提升本书的实用性
全书均备有索引系统，依不同内容，索引项的设置也各异。这些索引项出现在页眉或页脚，不仅对正文内容起到提纲挈领的作用，同时，还能迅速帮助读者检索到相关条目，具有很大的实用性。

《行走中国》以丰富精美的文字和图片，将中华大地独一无二的秀美景致和生生不息的文化传统，演绎得生动而传神。就用这张导读图，来开启您一程赏心悦目的中国地理文化之旅吧。

丛书名　　本书名

图片/图片丰富，与主文或专栏相互呼应，方便读者的理解，并以最直接的方式对读者造成视觉冲击。

章标题

段落标题/进一步细化主题，使读者更加清晰地掌握主文结构。

主文

章名

地名、关键词/将主文中的地名、关键词提炼出来，标注于此，方便读者检索，具有很大的实用性。

塔道斯西餐厅里见不到塔道斯了

地　名◎塔道斯西餐厅
关键词◎塔道斯、亚美尼亚

○○五 塔道斯

037

章标题关键词、章编号、页码/方便读者翻阅。

当年夏里亚宾弹过的钢琴

不仅如此，塔道斯这位出身于亚美尼亚一位厨师家庭的孩子，天生对菜的品质和式样有着无限的热爱，他整日琢磨调整传统的西餐，终于他把那具有高加索独特风味的炭烤羊肉串、串烧羊肉、串烤鱼以及高加索鸡块汤、牛尾汤等搬上了

塔道斯先生的女友和当年的宣传广告

路的开通以及哈尔滨这
和外国领事馆的设立，
，使得西餐业也越来越
亚美尼亚人塔道斯·戈
波夫看准了这一发展势
，先后在哈尔滨开设了
斯西餐厅和塔道斯高

内的墙上，还贴着一张
报》，上面有一则塔道斯
告："塔道斯西餐厅每晚
兆样，乐队伴奏。"由此可
张歌舞升平的景象。

历史知识百科

哈尔滨俄国侨民

由于东清铁路的枢纽在哈尔滨，所以大量的俄国侨民和军队是随着1897年东清铁路的开工而进入哈尔滨的，1900年俄国商人在哈尔滨开办了中国的第一家啤酒厂（有上海人认为中国啤酒第一家应该在上海）。1907年俄国军队建造了一座俄国在远东地区最大的东正教教堂——哈尔滨圣索菲亚教堂。1917年俄国十月革命后，大量被苏维埃政权驱逐的白俄人避难到哈尔滨，中东铁路管理局为了安置这些难民，在哈尔滨建立了两个俄国居民区。这段时期的俄国人高达5.5万人（未包括俄国在黑龙江的大量驻军）。

九一八事变后，1932年日本军队进入哈尔滨，此后苏俄侨民大量减少，在苏联把中东铁路的主权卖给"满洲国"后，中东铁路的大量苏联员工和家属撤退回国，到1940年苏联侨民只剩1845人，1954年最后一批苏联侨民也离开哈尔滨，只有900多名苏联人最终选择留在了哈尔滨及黑龙江各地。在"文革"期间，更是难以见到苏联侨民了。少部分生活在苏联远东地区的女性，因为在第二次世界大战中，当地的男性数量急剧减少，所以出来在"满洲国"，与当地人结婚生子，因他在哈尔滨和中俄边境地区有一些中俄混血儿。

专栏/本书设有"历史知识百科"专栏，该专栏将主文所涉及的地理、历史、生态、民族等相关内容进行延伸或补充，增加本书的知识量与信息量，同时丰富主文的内容。在卷末附有检索系统。

图片说明/深入揭示图片的内涵，使读者对图片产生新的认识；同时，对主文或专栏涉及的内容进行补充。

7

目录

4　总序
12　自序:"认领"黑龙江

哈尔滨的"俄罗斯味道"

16　/〇〇一　中央大街是多么的"涅瓦"啊
20　/〇〇二　哈尔滨的"教堂之旅"
28　/〇〇三　华梅西餐厅的那碗红菜汤
30　/〇〇四　露西亚咖啡馆里的尼娜岁月
34　/〇〇五　塔道斯西餐厅里见不到塔道斯了
38　/〇〇六　早春三月坐着马车走在松花江上
42　/〇〇七　俄罗斯小镇和瓦西里的故事
48　/〇〇八　沿着果戈理大街
52　/〇〇九　老道外才是哈尔滨最后的记忆

乌苏里船歌"赫尼那"调

58　/〇一〇　"渔猎部落"赫哲族
62　/〇一一　在街津口感受"鱼皮文化"
66　/〇一二　四排乡里过中秋
70　/〇一三　说《伊玛堪》跳萨满的葛玉霞

呼玛河畔最后的鄂伦春

76　/〇一四　孟淑芳的幸福岁月

78 /〇一五 一年能挣十万元的孟彩虹

80 /〇一六 鄂伦春画家关桃芳

82 /〇一七 "最后的山神"郭宝林

走在那高高的大兴安岭上

88 /〇一八 加格达奇的早晨

94 /〇一九 难忘的白银纳之夜

98 /〇二〇 十八站那个阳光明媚的午后

100 /〇二一 农民刘胜利的俄国情结

104 /〇二二 洛古河的故事和传说

112 /〇二三 我无缘看见观音山上现佛光

116 /〇二四 北极村里找不到北

122 /〇二五 北红村才是中国最北点

难忘北大荒

128 /〇二六 这里就是北大荒

132 /〇二七 美丽的兴凯湖

136 /〇二八 扎龙湿地拍丹顶鹤

140 /〇二九 在"东方第一哨"眺望黑瞎子岛

146 附录

"认领"黑龙江

自序

《白山黑水——诗意黑龙江》一书的拍摄和撰写终于完成了。我历经两个月近6000公里的跋山涉水后,用差不多10万文字500张照片勾勒出的这一幅壮美的白山黑水图,不仅将随着本书的出版让更多的人来感受它的魅力,更有可能它将会永远地留存在我的心中,因为这是一次我倾注了全部情感的采访。

这本书的采访拍摄最早得益于上海文艺出版集团总编辑何承伟先生,当时他正在策划主编一套多卷本人文地理丛书《行走中国》,而我则在欧洲拍摄相关的地理人文画册。记得是2008年春节后,他问我有没有兴趣和时间参与他主编的这套丛书的拍摄和写作,我说当然有啦,他便给我看了一份丛书的目录,我一眼就相中了黑龙江。

我几乎拍摄游历过大半个中国,尤其对中国北方(包括西部)情有独钟,有些地方如新疆、甘肃和西藏等地已去过多次,但就是没怎么深入过东北三省。所以当我在丛书目录上看到黑龙江尚没有主时,便赶紧"认领"。"认领"黑龙江,除了因为没去过,更是因为这片黑土地上有太多的地方曾经让我向往,比如北大荒、大兴安岭、松花江、乌苏里江、赫哲人、鄂伦春人、北极村……

当我真正踏上了我曾经的向往之地,我从内心深处充满了拥抱这片土地的喜悦和激动。

2008年初秋,我沿着乌苏里江游历了半个多月,从同江到抚远三角洲、饶河,最后来到密山。与沿江而居的赫哲族人朝夕相处,感受了他们独特的"渔猎文化"。而在密山的兴凯湖畔,那金灿灿的万亩良田仿佛让我看到了半个多世纪前,王震将军率十万大军开垦北大荒时的英雄壮举和奉献精神。

在乌苏里江和北大荒的采访结束不久,我再次来到黑龙江,这回我是以哈尔滨为采访主线。这座美丽的北国名城弥漫着浓浓的俄罗斯情调,尤其是著名的中央大街和果戈理大街,两旁的建筑几乎就跟俄罗斯圣彼得堡的涅瓦大街一模一样。而遍布城市各角落里的那些有着百年历史的咖啡馆和餐厅以及太阳岛上的由18栋俄罗斯建筑组成的俄罗斯小镇的前世今生,更是让这座城市除了洋溢着异国情调外,还深深地留下了俄罗斯文化熏陶的痕迹。

2010年3月,我第三次飞抵黑龙江。我要趁着早春北国的冰雪未融之际,去著名的大兴安岭地区拍摄采访中国北极的风土人情。我是从大兴安岭的首府加格达奇开始我的这次北国之旅的,沿途经塔河、呼玛一直到漠河,历时20天。途中深入到白银纳、十八站以及图强等鄂伦春人居住地,近距离感受并记录下了鄂伦春人的生活和风俗。

当然,光有激情和兴趣对写作一本书尤其是旅游人文类的书来讲是远远不够的,因为你不仅仅是游历更是去采访和拍摄,所以首先必须要熟悉即将要去的这个地方的风土人情。因此当这本书完成之际,我首先要感谢上海人民艺术剧院的演员李晨涛。

晨涛是黑龙江大兴安岭加格达奇人,跟我是多年的朋友。当她得知我要写作拍摄她的家乡,便介绍我认识了时任黑龙江省民族宗教委员会副主任的卢范植先生。

在哈尔滨我第一次见到卢主任时,他对我说的第一句话就是:"你来采访拍摄黑龙江的风土人情,是在替黑龙江做宣传,因此协助好你完成任务也是我们省民委的工作。"

由于我的采访拍摄被列为了省民委的工作,所以卢主任便相继委派黑龙江省民委经济处刘烈军处长、文教处吴景芳处长具体负责我在黑龙江的采访和行程。后来在我三次赴黑龙江总共近60天的采访中,从采访路线、食宿交通、拍摄对象以及当地人文历史的背景资料的收集,几乎全是在卢主任、刘处长和吴处长的关照和支持下进行的。

在此我深深地向他们表示感谢。

本书因编辑方针、主题和形式的原因,不可能面面俱到地介绍黑龙江,但黑龙江的一些最主要的风土人情则全部得以体现。比方说黑龙江的省会哈尔滨、三江平原上的北大荒、乌苏里江流域的赫哲文化、大兴安岭的鄂伦春人生活以及黑龙江源头洛古河和中国北极漠河……

本书的行文和图片基本不受固有的旅游文化和资料的限制,全是作者对所到之处的人文历史以及现状的个人独特的深度挖掘和聚焦,而在相关图文后,则相应链接了一些基本旅游资讯供参考。

黑龙江地图

哈尔滨的"俄罗斯味道"

哈尔滨作为黑龙江省的省会，除了担纲着全省举足轻重的经济和政治地位之外，还是一个风光美丽拥有着丰富的人文和历史传承的文化旅游城市，有"天鹅项下的珍珠"的美誉。比如著名的太阳岛、比如松花江上的冬季滑雪、比如东北虎林园以及著名的中央大街和汇集了世界各种风格的建筑艺术……

如果要概括出哈尔滨最独特的风格，我认为是弥漫在这座城市中的"俄罗斯味道"。比如远东最著名的中央大街，几乎就是俄罗斯圣彼得堡涅瓦大街的姊妹街；比如哈尔滨所有的西餐厅甚至于咖啡馆都在"红莓花儿开"的音乐中经营着"俄式大餐"；比如保存完好的教堂中大多数是俄国东正教堂，即使不是东正教的教堂，其设计者或建筑师也一定是俄国人；至于哈尔滨最著名的拥有百年历史被誉为哈尔滨人文历史代表杰作的"马迭尔"宾馆，更是出自俄罗斯人之手……

中央大街是多么的"涅瓦"啊

在哈尔滨游览,中央大街是一定要去的。

因为这条街几乎就是哈尔滨100年来的历史缩影,尤其是街道两旁风情万种的俄罗斯风格的建筑,让这段历史得以在这条街上一直延续下来。特别是沿途所见的那些沿用至今的名称如"塔道斯"、"露西亚"、"马迭尔"以及"格瓦斯"和"大列巴"等,更是让中央大街弥漫着浓浓的"俄罗斯味道"……

有些旅游指南将哈尔滨的中央大街和俄罗斯圣彼得堡的涅瓦大街相提并论,说两条街是姊妹街,出于同一位设计师。这个说法似乎有点夸张并且不准确,因为单就两条大街的历史而言,它们分别属于两个不同的年代,涅瓦大街始建于1710年,而中央大街则始建于1898年,彼此相差了近200年,因此完全不可能是姊妹街,更不可能出于同一位设计师。

地理知识百科

中央大街

中央大街全长1450米,宽21.34米,其中间方石路面宽10.8米。整个步行街区就是全国第一个开放式、公益型建筑艺术博物馆,被称作"汇百年建筑风格,聚世界艺术精华",总占地面积94.05公顷。中央大街及辅街的保护建筑、历史建筑和特色建筑为天然展品,对游人开放。

有"中国涅瓦大街"之称的哈尔滨中央大街

哈尔滨的"俄罗斯味道"

地　名 ● 中央大街
关键词 ● 俄罗斯、巴洛克建筑

沿着中央大街便能走到松花江边著名的防洪纪念塔前

一条用金子铺成的大街

1898年哈尔滨开始大规模地修筑铁路和建设城市，来自关内及邻省的劳工大量涌入哈尔滨，原沿江地段是古河道，尽是荒凉低洼的草甸子，运送铁路器材的马车在泥泞中开出一条土道，这便是"中央大街"的雏形。

到了1900年因中国人大都聚集于此，这条本无名的街便被称为"中国大街"。与此同时外国人也越来越多地抵达这里，他们开店设厂建房造楼，生意越做越红火。所以虽然号称"中国大街"，但街道两旁却多为欧式建筑，商业也多为外国人经营，犹如外国城市一般。1924年5月，由俄国工程师科姆特拉肖克设计、监工，"中国大街"铺上了方块石。铺路用的方块石为花岗岩材质，长18厘米，宽10厘米，其形状大小如俄式的小面包，一块一块的精精巧巧光光亮亮。据说当时一块方石的价格就值一个银元，而一个银元够穷人吃一个月的。所以"中国大街"可谓是一条用金子铺成的路。

夜幕下的中央大街

中央大街上的巴洛克和古典主义建筑

中央大街上的巴洛克和古典主义建筑

如金子般的方石使得"中国大街"顿时身价显赫起来,外国人开的商厦、饭馆、酒店、面包房以及酒吧舞厅不计其数,其中秋林公司、马迭尔酒店在当时整个远东地区都是颇有名气的。1925年7月,"中国大街"正式改称"中央大街"。

不是姊妹街,胜似姊妹街

虽然哈尔滨的中央大街与圣彼得堡的涅瓦大街历史、风格以及规模和文化底蕴不尽相同,但是两条大街确也有许多相似之处。

首先,街道两旁的建筑相似,几乎都涵盖了西方建筑史上最有影响的四大建筑流派,有常见的起源于15、16世纪的文艺复兴式,17世纪初的巴洛克式、折中主义以及19世纪末20世纪初的新艺术运动建筑。

其次,两条大街都有流水孕育,涅瓦大街自然有涅瓦河相伴,而中央大街则位于美丽的松花江畔。此外,涅瓦大街是一个信仰宽容的地方,东正

>
> **百 科 知 识**
> **中央大街建筑艺术博物馆**
>
> 中央大街建筑艺术博物馆现有欧式、仿欧式建筑75栋,各类保护建筑36栋,其中中央大街主街上有16栋。汇集了欧洲15至16世纪的文艺复兴风格,17世纪的巴洛克风格,18世纪的折中主义风格和19世纪的新艺术运动风格等在西方建筑史上最具影响力的建筑流派。这些流派集中涵盖了西方建筑艺术的百年精华,从历史和发展的角度看,在西方也需要数百年才能形成的建筑风格,在中央大街却仅仅用了短短二三十年的时间就形成了,堪称世界建筑史上的奇迹。

哈尔滨的"俄罗斯味道"

地　　名	中央大街
关键词	俄罗斯、巴洛克建筑

教的喀山大教堂、新教的圣彼得教堂、天主教的圣凯瑟琳教堂共处一地相安无事；而中央大街也曾经是一个各种宗教都能包容之地，在上世纪20年代初，整条中央大街以及边上相邻的一些街道共建有不同风格的20余座教堂，被誉为当时远东最著名的三大东正教教堂圣索菲亚教堂、圣尼古尼教堂和布拉维斯因卡娅教堂，除圣索菲亚教堂外，其余两座全都伫立于中央大街上，而与这些东正教教堂相邻的还有基督教堂、犹太教堂以及鞑靼清真寺等。

涅瓦大街上充满了人文和艺术情怀，不经意间就会经过陀思妥耶夫斯基、果戈理、普希金等人的故居或庄园；而走在中央大街上一样能感受到当年那些诗人、作家和音乐家们留给我们的浪漫情怀以及伟大的琴音。在中央大街露西亚咖啡馆，挂

百科知识

中央大街16座保护建筑

中央大街58号；中央大街89号；中央大街107号；中央大街120号；中央大街1号；中央大街2号；中央大街21号；中央大街57号；中央大街73号；中央大街109—115号；中央大街127—129号；中央大街132号；中央大街187号；中央大街92号；中央大街104号；中央大街117—121号。

着一张已经泛黄了的布拉维斯因卡娅教堂的速写照片，照片上写着这是著名作家萧红当年在哈尔滨女子一中读书时的画作。但你或许不知道的是，萧红就是在露西亚咖啡馆完成的这幅画。而塔道斯西餐馆里摆着的那架已经陈旧不堪的钢琴，则仿佛在向人们倾诉着1935年俄罗斯著名歌唱家夏里亚宾在这架钢琴上亲自弹奏并演唱《伏尔加河船夫曲》的情景……

空气中浓浓的俄罗斯味道

虽然历经了百年沧桑岁月蹉跎，但中央大街上的"俄罗斯味道"至今依旧浓厚……除了那些建筑以及建筑里的故事和风情之外，在午后的阳光下走在大街上，你会嗅到空气中弥漫着的是路边咖啡馆里飘散出来的香浓的高加索咖啡味。每天早上，华梅西餐厅门口排着长队买"大列巴"（俄式面包）的人群中，那些说一口东北话的高鼻梁蓝眼睛的白俄后裔们，成了中央大街上的一道美丽的风景。而大街两旁商店里满橱窗的套娃、海魂衫、望远镜以及格瓦斯（俄式饮料），则在强烈地提醒着走在这条街上的人们，中央大街是多么的"涅瓦"啊！

中央大街上随处可见著名的俄罗斯套娃

行走中国　/白山黑水——诗意黑龙江

哈尔滨的"教堂之旅"

我最早是在电视剧《夜幕下的哈尔滨》里见识到圣索菲亚教堂的，当时一直以为这是个搭出来的景。后来在书上看到圣索菲亚教堂原来竟是真实的，不仅如此，哈尔滨如今依然保存着十几座如圣索菲亚教堂一样有着近百年历史的教堂……于是很多年后，当我有机会第一次来到哈尔滨，充满着异域情调的"教堂之旅"便成了我哈尔滨之行的主要旅程。

"教堂之旅"的第一站

"教堂之旅"当然始于著名的圣索菲亚教堂。

从中央大街朝江北方向走，再沿西十道街也就是过去的俄国街走十分钟左右，便能望见圣索菲亚教堂那高耸着的气势恢宏的墨绿色大穹顶。圣索菲亚教堂位于哈尔滨道里区透笼街88号，典型的拜占庭式建筑，是哈尔滨现存教堂中历史最悠久规模最大的一座。

圣索菲亚教堂始建于1907年3月，最早是沙俄东西伯利亚第四步兵师修建的随军教堂，该师撤离后，隶属哈尔滨的东正教会。1907年，由俄商伊·费·赤斯嘉科夫出资6万卢布在随军教堂基础上重新建了一座木制教堂（现已毁）。

由于教徒数量增加，1923年又进行了第二次

建于1907年的圣索菲亚东正教教堂

哈尔滨的"俄罗斯味道"

地　名 ● 哈尔滨
关键词 ● 教堂

重建，重建由俄国建筑师克亚西科夫主持设计。历时9年，于1932年1月25日落成并保留至今。

重建后的圣索菲亚教堂为砖石结构，建筑平面呈希腊十字方式布置。占地面积721平方米。整个教堂分成四层，高度53.35米。教堂基本属于拜占庭风格，有主穹顶、钟楼，又有俄罗斯传统的"帐篷顶"、"洋葱头"的造型。

夏里亚宾与圣索菲亚教堂

关于圣索菲亚教堂还曾经有过许多美丽动人的故事……

1934年秋天，正在哈尔滨演出的俄罗斯男低音歌唱家夏里亚宾，看见他下榻的著名的马迭尔宾馆门口，有几个俄国女人在乞讨。随从告诉他这些人原先都是白俄的舞女，十月革命后逃难到了哈尔滨。如今这些人年纪大了舞跳不动了，生活也就没了保障。第二天夏里亚宾便抽空来到圣索菲亚教堂，通过尼古拉神父向在哈尔滨的俄国侨民捐了一大笔钱。后来无论是得到过夏里亚宾捐助的还是没得到过他捐助的俄侨们，都纷纷来到圣索菲亚教堂做义工，而正是这些俄侨义工，在后来的抗日战争中，冒着生命危险将10多位负伤的中国抗联战士藏在教堂的钟楼里，甚至一位叫娜塔莎的嬷嬷，因不肯说出实情而被日本人枪杀……

历史早已翻过，再动人的故事也都结束了，只有这座建筑依旧伫立在这块土地上。让我稍感遗憾的是，这座已有百年历史迄今还是远东最大的东正教堂，却不再举办任何宗教活动了。如今它

圣索菲亚教堂

变成了哈尔滨建筑博物馆，进去需购门票。尽管如此，当缓缓走进教堂的一瞬间，我眼前却依旧是烛光一片，仿佛尼古拉神父在祷告，旁边托着圣盘的是娜塔莎嬷嬷……

东大直街上的三座教堂

哈尔滨的"教堂之旅"除了著名的圣索菲亚教堂外，南岗东大直街是一定要去的，因为在这条街上至少有圣母守护教堂、尼埃拉依基督教堂和耶稣圣心主教堂三座教堂值得一看。

我是黄昏时分来到圣母守护教堂的，夕阳下的教堂宁静而肃穆，由于年代久远而显得有些斑驳脱落的朱红色墙面，在晚霞里更是如一幅斑斓

的油画,温馨中透着深沉和睿智。虽然都是著名的东正教堂,又都是百年建筑,但圣母守护教堂远比圣索菲亚教堂要安静得多,除了匆匆走过的行人外,几乎没有什么游客。

虽然圣母守护教堂远没有圣索菲亚教堂显得热闹而著名,但它的宗教意义却比如今的圣索菲亚教堂要深刻得多。圣索菲亚教堂已经是个景点了,而圣母守护教堂是中国境内目前仅有的一座开放而又有司祭主持的东正教堂。仅凭这一点,面对这栋百年建筑,便足以让我肃然起敬。

圣母守护教堂,始建于1922年。原为木结构建筑,1930年重建为现在砖石结构的教堂。至今这里还存有1899年在莫斯科浇铸的重达2600公斤的大钟。教堂是罗马式的建筑,也是东正教教堂的基本样式。由俄国著名建筑师吉达诺夫设计。当时因为这个教堂由在哈尔滨的乌克兰信徒管理,所以老一辈的哈尔滨人喜欢管圣母守护教堂叫乌克兰教堂。教堂平面呈十字形,体现出拜占庭建筑的特点。门廊为圆顶,分为两层,由钟楼和大厅组成最高点,教堂大厅从上到下通顶高达30米,钟楼正门两侧,分列两口大钟,大的重2600公斤。每当钟声响起,时间仿佛凝固起来,所有的一切都好似过眼烟云,在我们的面前随风而去……

圣母守护教堂隔一条街就是一座基督教堂,即著名的尼埃拉依教堂,它是一座带有北欧风格的哥特式砖木结构的教堂。1914年由德国

著名的圣母守护教堂

著名的圣母守护教堂

哥特式砖木结构的尼埃拉依基督教教堂

哥特式砖木结构的尼埃拉依基督教教堂

建筑师弗奥罗布设计而成。尼埃拉依教堂在当时仅供在哈尔滨的外国侨民和各国领事馆的基督教徒使用。尼埃拉依教堂最大的看点在于它的建筑风格，不仅有哥特式风格，在哥特式风格中还带有少许解构主义的色彩，所以教堂虽也已百年历史，但建筑风格却在经典中透着时尚和现代气息。

在大直街上还有一座著名教堂，名叫耶稣圣心主教堂。原为南岗圣斯坦尼斯拉夫教堂(波兰天主堂)，是一座波兰侨民建造的天主教堂，哥特式建筑。

20世纪初，参与建筑中东铁路的波兰侨民有3000余人，大部分都是天主教徒。1906年，波兰

百 科 知 识

哈尔滨著名教堂建筑

圣尼古拉大教堂

俗称"喇嘛台"。是以俄国沙皇尼古拉的名字命名。其坐落在被俄国人称为"新城区"的广场（南岗区中心广场），中心也称为中央寺院。建于1900年，建筑图样是在圣彼得堡设计的，由俄国建筑工程师蕾特维夫主持建成。教堂是由原木堆积起来的典型井干式木结构建筑。它正门的圣母像和正殿东方外部的壁画，是俄国画家古尔希齐文克所作，庄严肃穆、富丽堂皇。继尼古拉教堂之后，广场周围先后建造了莫斯科商店（今博物馆）、新哈尔滨旅店（今国际旅行社）和别洛夫医院（今中山商场）。整个广场在多种艺术建筑中簇拥中，充满着异国文化气氛。从此在哈尔滨最高点，"东方小巴黎"的形象开始树立起来了。1966年"文化大革命"中圣尼古拉教堂被毁。

文化公园（圣母安息教堂）

亦称为乌斯平卡亚教堂。1908年建。是一座砖木结构的俄侨公墓。在绿树掩映中，尖顶凌空，加上建筑风格精

哈尔滨的"俄罗斯味道"

地　名　哈尔滨
关键词　教堂

巧细腻，给人一种幽美宁静恬适舒旷的感觉。当年这里的外侨公墓有十几处。解放后，所有的墓地移到皇山公墓。80年代后期，这里改为"文化公园"，现在这里已成为哈尔滨的公共娱乐场所。

地址：哈尔滨南岗区东大直街文化公园

圣索菲亚教堂

始建于1907年，原为木结构随军教堂。1923年为了适应哈尔滨东正教徒的急剧增加重新兴建，历时9年，于1932年竣工，成为远东地区最大的砖木结构的大教堂。它深受拜占庭建筑艺术影响，有着俄罗斯式的穹顶、罗马风格的拱券高窗，以及多种建筑艺术风格的有机组合。特别是1997年的修葺，使圣索菲亚教堂成为哈尔滨建筑艺术风景中一个亮点。每当黄昏来临，夕阳辉映在高耸的穹顶上，鸽群如云，乐音如水，漫步在索菲亚广场上，颇有心旷神怡之感。圣索菲亚教堂现为哈尔滨建筑艺术博物馆。

地址：哈尔滨道里区透笼街88号

圣母守护教堂

始建于1922年，原为木结构大教堂。1930年重建为现在砖石结构的教堂。至今这里还存有1899年在莫斯科浇铸的重达2600公斤大钟。它是罗马式的建筑，也是希腊东正教教堂的基本样式。由俄国著名建筑师吉达诺夫设计。当时因为这个教堂由在哈尔滨的乌克兰信徒管理，故名乌克兰教堂。1984年政府重新修缮开放。

地址：哈尔滨南岗区东大直街268号

尼埃拉依教堂（基督教堂）

是一座带有北欧风格的哥特式砖木结构的教堂。1914年由德国人倡议、中东铁路局和民间捐助建成。建筑师弗奥罗布设计。当时仅供德国侨民和各国领事馆的教徒使用。教堂规模小巧合理。解放后，辟为基督教堂，沿用至今。

地址：哈尔滨南岗区东大直街252号

圣母教堂（天主教堂）

始建于1921年。为木结构的教堂。1935年改砖石结构。俄国建筑师斯米尔诺夫·托夫塔诺夫斯基设计。这是一座俄罗斯巴洛克式教堂建筑的经典之作。教堂内有圣画家萨得罗基尼的圣画和圣母像。至今，这里依然有许多俄国人旧地重游，络绎不绝地来此参观。现经对周围环境的修建绿化，已经成为闹市中一个清静去处，成为哈尔滨别具一格的景点。

地址：哈尔滨南岗区士课街47号

土耳其清真寺（鞑靼寺）

始建于1923年。砖木结构的教堂。建筑师为吉达诺夫。这是一座典型的阿拉伯风格建筑。挺拔高耸的宣礼塔以及两侧对称的圆顶，尖券拱形高窗，洋溢着庄严肃穆、宁谧浑重的宗教气氛。土耳其清真寺这一称谓的由来，是因最初教徒主要是土耳其人和来自俄国的依特尔人。这些依斯兰教徒有着鬈曲的黑发，被俄国称为鞑靼人，所以也把这座清真寺称为鞑靼教堂。

地址：哈尔滨道里区通江街108号

清真寺

始建于1897年。1904年改建。它是哈尔滨穆斯林的伊斯兰砖木结构教堂。1935年在众多伊斯兰教徒的倡议和捐助下，扩建为426平方米的阿拉伯式礼拜堂。是阿拉伯式教堂建筑的经典之作。望月楼和每个穹顶的顶端都高耸着一弯新月，是伊斯兰教特有的标志。1996年，为了满足伊斯兰教徒礼拜的需要，政府重新修葺，使这座老建筑焕然一新。

地址：哈尔滨道外区南十三道等54号

著名的圣母守护教堂

001 教堂之旅

圣阿列克谢耶夫教堂

哈尔滨的"教堂之旅",除了去圣索菲亚教堂和大直街上的三座教堂外,如果有时间至少还有一座教堂值得去,它也是历经战火和磨难而耸立百年的伟大建筑。若漏掉这个教堂,所谓的哈尔滨"教堂之旅"是不完美的。

这个教堂就是圣阿列克谢耶夫教堂,也称圣母无染教堂。

在果戈理大街与革新街交口处,有一座结构十分独特的教堂。远远看去有三个尖顶,中间高两侧低。右侧是有巴洛克式帐篷顶的钟楼,中间为洋葱头,左侧比较低矮,尖顶上也托起一个洋葱头,三处尖顶上均有十字架。尤其是鲜艳的红色间以白色,棱角分明,个性突出。这就是圣阿列克谢耶夫教堂,也称圣母无染教堂。这座教堂,原为日俄战争时期在吉林省公主岭的随军教堂。随着俄军的调防,迁到哈尔滨郊区的懒汉屯,不久又迁到位于香坊的一个名叫阿列克谢耶夫的村庄,教堂名称便由此而来。

随着中东铁路的建设,铁路管理机构和松花江大桥以及江岸码头的形成,原旧香坊一带的俄国人纷纷移至南岗和埠头区,香坊一带日渐冷落。因此,圣阿列克谢耶夫教堂又进行了第三次搬迁。1912年迁至马家沟,建了一座木结构教堂。1930年这座教堂开始重建,采用了斯米尔诺夫的设计方案,历时5年建成,这就是我们今天看到的样子。

萧红在她的《呼兰河传》中曾不止一次提起过圣阿列克谢耶夫教堂,在她的心中,"圣阿列克谢耶夫教堂是那个战火纷飞的年代里除了文学以外的精神和梦想之地……"

圣阿列克谢耶夫教堂

教徒集资在哈尔滨南岗东大直街建造斯坦尼斯拉夫天主堂,1907年落成。该堂曾附设波兰中学和波兰侨民宿舍,共有教徒2000人。

1918年斯坦尼斯拉夫天主堂在俄罗斯圣彼得堡登记,1923年改为海参崴主教管理,后由北京代表管理。2004年,在斯坦尼斯拉夫天主堂原址上重建了耶稣圣心主教堂,是黑龙江省规模最大的天主教堂,塔尖高51.6米。

哈尔滨的"俄罗斯味道"

地　名 ● 哈尔滨
关键词 ● 教堂

○○二 | 教堂之旅

哥特式建筑的耶稣圣心主教堂

行走中国 /白山黑水——诗意黑龙江

华梅西餐厅的那碗红菜汤

若不是听了关于那碗红菜汤的故事，我基本上可以肯定，即使我就住在华梅西餐厅的对面，即使我在哈尔滨的日子里几乎每天都会走过华梅西餐厅，我也不会进去用餐，尽管所有的"哈尔滨指南"都在推荐这家餐厅，说它是与北京的马克西姆西餐厅、天津起士令西餐厅、上海红房子西餐厅齐名的全国四大著名西餐厅之一。其实我原本的确是慕名而来的，甚至有点急不可待。2008年9月12日下午，刚安顿好酒店便前往位于中央大街上的华梅西餐厅准备用晚餐。

我推开玻璃门进去，里面竟没有一个人，连招呼领位的服务员都没有。我站在门口，望着眼前昏暗得像食堂一样的西餐厅有点失望。终于有人过来了，一位穿着制服的中年妇女走上前来跟我说："还没到时间呢，6点开始。"

但是一碗红菜汤的故事，却让我曾经对华梅的失望以及不解变得不重要了……

红菜汤是华梅的招牌菜，所谓红菜汤也就是常说的俄国罗宋汤。

楚吉尔曼的经营之道

1925年俄国犹太人楚吉尔曼，在哈尔滨道里区西八道街上开了一家营业面积只有70多平方米的名为"马尔斯"的俄式西餐厅，这就是华梅西餐厅的前身。虽然餐厅规模不大，但却因为一碗红菜汤而名声在外。

犹太人楚吉尔曼从高加索找来了一位名叫波尔金娜的俄罗斯厨娘来当他的助手。波尔金娜从小喝着母亲做的红菜汤长大，不到10岁时便能烧出一锅美味的红菜汤。波尔金娜来到中国已经26岁了，十多年的厨艺早已让她在高加索小有名声了。原本楚吉尔曼开了个餐厅几乎无人知晓，但犹太人找来了波尔金娜却轰动了哈尔滨。尤其是当年哈尔滨有许多高加索侨民，当得知波尔金娜入住"马尔斯"，于是便天天来喝波尔金娜制作的漂着一层乳白色奶皮的红菜汤。由于楚吉尔曼收有许多俄罗斯和波兰的老唱片并

左右两图：红菜汤如今依旧是华梅的招牌，但味道已不如从前，倒是配餐的面包还保持着昔日的口感

哈尔滨的"俄罗斯味道"

地　名 ● 华梅西餐厅
关键词 ● 红菜汤

华梅西餐厅一角

从早到晚在店里播放，所以"马尔斯"成了在哈尔滨的俄国以及犹太侨民们的怀旧圣地。

"马尔斯"西餐厅的红菜汤和老唱片，渐渐成了哈尔滨流亡者们的精神食粮。有不少客人，甚至在生命垂危的时刻，由家人搀扶到马尔斯西餐厅，喝一碗最后的红菜汤、听一曲最后故乡的音乐，然后蹒跚着离开餐厅离开人世……

见此情景，犹太人楚吉尔曼显露出了高人一等的经商之道，他在报上刊登广告，凡是前来马尔斯西餐厅用餐者，每人餐前均可免费喝碗红菜汤。从此小小的马尔斯餐厅不仅生意火爆，而且名声大震，竟成为哈尔滨的一景。

马尔斯西餐厅最著名的菜，除了红菜汤外，还有黑色的纯燕麦的烤面包和自腌的酸黄瓜，以及罐焖羊肉、罐焖小牛肉和大马哈鱼子酱。当然还有纯俄式咖啡和著名的乌布列夫斯基啤酒厂生产的那种橡木桶装的生啤酒……

楚吉尔曼还喜欢围着白围裙在门口招揽生意。他时常叼着大烟斗，向那些从门口的方石路上驶过的大洋马、小轿车致意。

后来楚吉尔曼把餐厅转让给一位德国人，德国人干了不久又转让给波兰人和捷克人，最后是捷克人瓦林达将餐厅转给了中国人。

易主的西餐厅，不变的红菜汤

虽然老板几易其主，但波尔金娜却一直守望着她的红菜汤。她的红菜汤一如既往地好吃，一如既往地有着浓浓的俄罗斯风味，一如既往地让高加索的侨民喝得热泪盈眶。自从楚吉尔曼离开后，马尔斯西餐厅便不再免费让客人喝红菜汤了，但生意却依旧好。有趣的是马尔斯西餐厅原先只做俄国菜，后来易主于德国人，餐厅里便开始经营一些德国餐，比如咸猪蹄和酸菜白肠。而等餐厅到了波兰人捷克人接手，波兰菜和捷克菜也大行其道起来。但无论马尔斯西餐厅的菜如何变幻，波尔金娜的红菜汤始终为马尔斯西餐厅掌着门面，一直到1959年公私合营，马尔斯西餐厅迁至中央大街112号并改名华梅西餐厅。谁都不知道波尔金娜最后的归宿，尽管如今的华梅西餐厅依旧在打着高加索红菜汤的招牌……

露西亚咖啡馆里的尼娜岁月

露西亚咖啡馆

差不多距今天100年前,也就是1913年的冬天,一个名叫达维坚果·尼娜·阿法纳西耶夫娜的3岁的俄国女孩,跟随着身为俄国十二月党人的父母亲从遥远的莫斯科辗转来到了哈尔滨……这个俄国女孩不会想到她会一辈子生活在这个异域之地,更不会想到她当年写诗的那个洒满阳光的小桌子,以及她期盼着她的阿廖沙能够露面的那个被树阴缠绕着的窗台,很多年以后会成为人们缅怀她的地方……

难忘的《伏尔加河船夫曲》

道里区西头道街57号是一间老式的俄国洋房,门头上飘着一面俄罗斯国旗,绿色的木质门

如今的露西亚咖啡馆依旧保持着尼娜生前的陈列和摆设

哈尔滨的"俄罗斯味道"

地　名 ● 露西亚咖啡馆
关键词 ● 尼娜、诗稿、俄国侨民

楣上用中文和俄文写着"露西亚咖啡馆"几个字。达维坚果·尼娜·阿法纳西耶夫娜最幸福的十年光景就是在如今的这个咖啡馆度过的,当年这里是她的家,她的十二月党人的父母每个周末会在这里开派对,流亡在哈尔滨的俄国贵族们便会纷纷聚集于此,他们喝着高加索的咖啡和葡萄酒,高谈阔论苏维埃政权能维持多久,当然有时也会朗诵普希金的诗……

让年轻的达维坚果·尼娜·阿法纳西耶夫娜最难忘的是1935年那个夏天,世界著名的高加索歌唱家夏里亚宾在西头道街57号他们家的派对上,也就是今天的"露西亚咖啡馆"里高歌一曲《伏尔加河船夫曲》。60多年后,已是弥留之际的尼娜对着看护她的保姆无数次地讲述那个"伏尔加河船夫曲"之夜,那情景仿佛就像是昨天:"夏里亚宾的歌让在场的每个人都感动得流下了思乡的眼泪,我们都忘了鼓掌……"这是这位被称为在哈尔滨的最后的俄国流亡者留给世界的最后的话。第二天,2001年9月26日,在哈尔滨生活了88年的达维坚果·尼娜·阿法纳西耶夫娜带着对故国俄罗斯的无限眷恋离开了人世,终年91岁。

日记中的情感岁月

年轻时的尼娜过着无忧无虑的幸福生活,在"露西亚咖啡馆"里保存着她当年写的部分日记:"树叶黄了秋天来了,我从来没有像今天这样如此激动,我怎么能说清楚这种奇妙的感受呢?上帝啊,生活是这么有趣这么美好……"

这是尼娜写于1929年10月26日的一篇日记的开头,那么到底是什么让她这个背井离乡的女孩如此的欣喜若狂呢?原来她跟母亲在教堂做祷告时,在教堂唱诗班的合唱声中,听到了一个与众不同的声音。她在日记中这样写道:"这是一个年轻的男子的声音,他唱的每一个字每一个音符都十分准确,特别是唱到玛利亚和耶稣,深深地打动了我。哦,即使是上帝听到也会流泪的……啊,我的灵魂啊,我一直在全神贯注地听他的歌唱,我从来没这么感动过,我多么想看清他是谁呀,可是我不敢那样无礼。"

年轻男子的美丽的声音让19岁的尼娜心中萌发出异样的感情,她在同一天的日记中记述了这天她美丽幸福的少女之情:"他的音调美丽透明

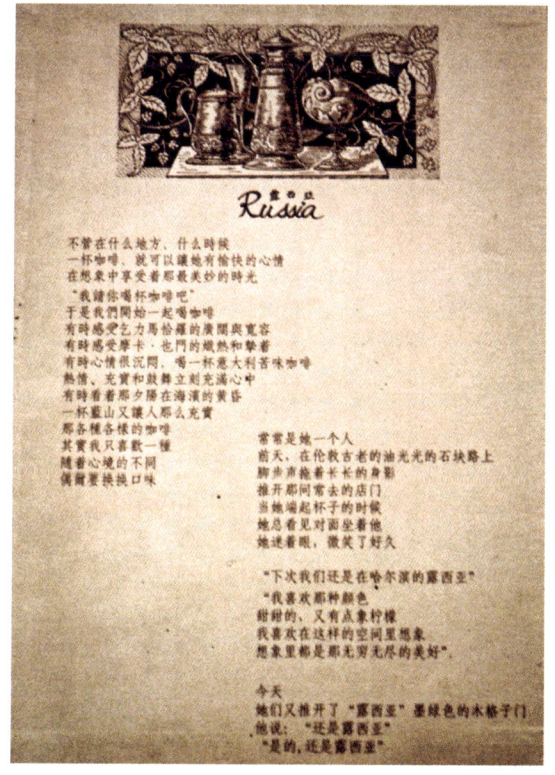

当年尼娜写的诗稿

行走中国 /白山黑水——诗意黑龙江

○○四 尼娜岁月

墙上照片记录着尼娜以及她那代俄罗斯侨民的生活岁月

得像天堂的晴空,像明亮无比的光线,射穿了我的心……我这是怎么了?真要有事情发生吗?下午喝茶的时候,爸爸说什么我一句也没心思听,我一直在想着他。他是干什么的?为什么能把我的灵魂带走?我等待着下个星期天,只要能看到他……"

尼娜盼望的下个星期天是1929年11月2日,早早地她就来到了教堂,但那位年轻人却没出现。尼娜在日记中这样写道:"今天他没到教堂来,我失望极了,心里非常难过……"

又过了一周,1929年11月9日,尼娜心仪的这个年轻人依旧没有来。尼娜站在圣像前祷告:"上帝啊,快告诉我他在哪里,我想见他,那怕只有一次……"

一个月以后,1929年12月9日,教堂的钟声不停地响着,有人死了。听到钟声人们从四面八方赶往教堂,尼娜也在其中。

突然尼娜发现棺木中的死者就是她日思夜想的年轻人……

"露西亚咖啡馆"保存着的尼娜1929年12月9日的日记里记录下了尼娜当时的情形:"天啊,是他!我执意要将带来的一束鲜花放在他的脸旁。突然我做出了一个意外的举动,我弯下腰轻轻吻了他的额头……我没有跟着去墓地,当我看见隐约可见的十字架时,突然听到了他唱诗的声音冲向雪花飘散的天空。哦,我强忍住泪水,轻轻地

哈尔滨的"俄罗斯味道"

地　名 ● 露西亚咖啡馆
关键词 ● 尼娜、诗稿、俄国侨民

哽咽着喊出他的爱称——阿廖沙……"

这位尼娜只从侧面见过一面的阿廖沙，成了达维坚果·尼娜·阿法纳西耶夫娜一生中唯一让她动心的人。"露西亚咖啡馆"保存的尼娜的这四篇珍贵的日记，记录下了这位俄罗斯人真实、感人而又凄美的一段情感。

充满回忆的露西亚咖啡馆

让人感到辛酸的是，这四篇日记不仅记录下了尼娜年轻时的这份忧郁和伤感，竟然还应验了她日后长达半个多世纪的苦难历程，随着她的阿廖沙的离去，她的幸福生活也戛然而止了。

先是因父亲积劳成疾郁郁寡欢而离去，尼娜和母亲只能搬离道里区西头道街57号这栋给他们一家人留下了太多美好记忆的房子，在一个名叫通江街的地方找了个普通的地方安顿了下来。不久日本人入侵东北，尼娜和母亲加入了逃难的队伍。从搬离西头道街57号一直1948年哈尔滨解放，尼娜和母亲一直过着颠沛流离的生活，即使是苏联红军来了，尼娜和母亲照样被当成反革命分子关了三个月……哈尔滨解放后，尼娜先后有过三份工作，先是被政府安排在秋林公司任会计，后来又到哈工大图书馆做俄文书籍管理员工作，1957年又去苏联侨民会做会计。1960年中苏关系恶化，尼娜的厄运也降临了。先是被当成反革命抓了起来，关了几年好不容易被放了出来后，又碰到"文化大革命"，她被当成了苏修特务……

1972年12月14日，尼娜的母亲在睡眠中去世，她的精神受到很大的打击，从此她跟外界再没来往。空旷的房子里只有她一个人守着残留的家具和一架旧钢琴以及一些老照片。对上帝的信仰和对以往岁月的回忆支持着她的生命，使她在忍受了无数难以想象的艰辛和苦难后依旧顽强地活了下来。

2001年，尼娜生前的一位好友遵照尼娜的遗嘱，买下了她家里的一些有纪念意义的家具、物品和照片。

随后这位好友又花重金将尼娜曾经住过的西头道街57号置换出来并用尼娜家的家具、钢琴和老照片等物品将它装修布置成了一个充满温馨和回忆的咖啡馆。

因为尼娜在西头道街57号度过了一生中最美好的十年时光，所以走进如今的"露西亚咖啡馆"，人们仿佛仍然可以看到当年达维坚果·尼娜·阿法纳西耶夫娜家里优雅而充满情趣的生活情景。主人说她这样做的唯一目的就是"希望将尼娜的旧居布置成一个小小的纪念馆，告诉有兴趣来这里喝咖啡的人们，哈尔滨这座城市是怎样出现的，曾经生活过什么样的人，这些人又是怎样生活的……"

露西亚咖啡馆的菜单

塔道斯西餐厅里见不到塔道斯了

塔道斯是中央大街上的一家西餐厅的名字，位于中央大街127号的别尔科维奇大楼（1907年由犹太人别尔科维奇出资兴建）的地下室。一般的游客或许走过如今并不起眼的塔道斯西餐厅会不以为意，但这家以人名命名的西餐馆却是哈尔滨的一段不可或缺的人文历史。

位于中央大街127号别尔科维奇大楼地下室的塔道斯西餐厅

塔道斯西餐馆招牌

哈尔滨"烧烤第一人"

1901年，随着中东铁路的开通以及哈尔滨这个新兴城市的大规模兴建和外国领事馆的设立，哈尔滨的外国人越来越多，使得西餐业也越来越红火起来……初来乍到的亚美尼亚人塔道斯·戈里高利耶维奇·捷尔阿科波夫看准了这一发展势头，在1901年至1920年间，先后在哈尔滨开设了两家以他名字命名的塔道斯西餐厅和塔道斯高加索葡萄酒酒窖。

如今在塔道斯西餐厅内的墙上，还贴着一张1921年出版的《哈尔滨公报》，上面有一则塔道斯先生为他的西餐厅做的广告："塔道斯西餐厅每晚8时以后，有西洋美女陪伴跳舞，乐队伴奏。"由此可见当年塔道斯西餐厅是一派歌舞升平的景象。

哈尔滨的"俄罗斯味道"

地　名 ● 塔道斯西餐厅
关键词 ● 塔道斯、夏里亚宾

当年夏里亚宾弹过的钢琴

不仅如此，塔道斯这位出身于亚美尼亚一位厨师家庭的孩子，天生对菜的品质和式样有着无限的热爱，他整日琢磨调整传统的西餐，终于他把那具有高加索独特风味的炭烤羊肉串、串烧羊肉、串烤鱼以及高加索鸡块汤、牛尾汤等搬上了

塔道斯先生的女友和当年的宣传广告

百科知识

哈尔滨俄国侨民

由于东清铁路的枢纽在哈尔滨，所以大量的俄国侨民和军队是随着1897年东清铁路的开工而进入哈尔滨的，1900年俄国商人在哈尔滨开办了中国的第一家啤酒厂（有上海人认为中国啤酒第一家应该在上海）。

1907年俄国军队建造了一座俄国在远东地区最大的东正教教堂——哈尔滨圣索菲亚教堂。1917年俄国十月革命后，大量被苏维埃政权驱逐的白俄人避难到哈尔滨，中东铁路管理局为了安置这些难民，在哈尔滨建立了两个俄国居民区。这段时期的俄国人高达5.5万人（未包括俄国在黑龙江的大量驻军）。

九一八事变后，1932年日本军进入哈尔滨，此后苏俄侨民大量减少，在苏联把中东铁路的主权卖给"满洲国"后，中东铁路的大量苏联员工和家属撤退回国，到1940年苏联侨民只剩1845人，1954年最后一批苏联侨民也离开哈尔滨，只有900多名苏联人最终选择留在了哈尔滨及黑龙江各地。在"文革"期间，更是难以见到苏联侨民了。少部分生活在苏联远东地区的女性，因为在第二次世界大战中，当地的男性数量急剧减少，所以来到"满洲国"，与当地人结婚生子，因些在哈尔滨和中俄边境地区有一些中俄混血儿。

行走中国 /白山黑水——诗意黑龙江

塔道斯西餐厅如今依旧在营业

哈尔滨人的西餐桌上。塔道斯后来不仅成为哈尔滨"烧烤第一人",还因为塔道斯西餐厅的西餐,让整个哈尔滨的西餐从此彻底与朱自清笔下"哈埠西餐菜码大且油重"的历史告别。

1938年俄文版的《霞光报》专门刊载一篇关于塔道斯西餐厅的报道,称塔道斯·戈里高利耶维奇·捷尔阿科波夫是"中国东北地区葡萄酒酿造业及餐饮业的先驱……"

曾经的辉煌今又现

2010年早春三月的一个阳光明媚的午后,我在塔道斯西餐厅边喝咖啡边看西餐厅陈列出来的许多当年的物品,有当时的酒杯、餐碟、菜谱、酒单、餐布、报纸,以及大量的照片和一架琴键几乎都已散掉了的钢琴……

墙上的老照片告诉今天的人们,中央大街127号别尔科维奇大楼的这间半地下室里,当年真可谓名人显赫高朋满座,是何等的荣耀和辉煌。几乎所有的驻哈尔滨的外交官,著名的美国记者斯诺和胡适、茅盾、柳亚子、何香凝、马叙伦、郭沫若等文人学者以及当时的世界著名歌王夏里亚宾和天才的大提琴家夏皮罗等,都是塔道斯西餐厅的常客。尤其是夏里亚宾,他在哈尔滨演出期间,每天晚上演出结束后都要来塔道斯西餐厅喝一杯塔道斯先生自酿的高加索葡萄酒,然后他会坐在钢琴边即兴弹奏。如今在这架钢琴上,我们能看到当年夏里亚宾送给塔道斯的一张签了名的肖像。

当年塔道斯先生自己设计的菜单

美国老人来寻塔道斯

上世纪50年代末，亚美尼亚人塔道斯·戈里高利耶维奇·捷尔阿科波夫跟许多生活在哈尔滨的俄国侨民一起离开了被他们誉为第二故乡的中国，从此塔道斯永远地消失在了人们的视线里……直到50年后，2006年的冬天，有位年届八旬的美国老人来到哈尔滨说要寻找一位叫塔道斯的人，于是有关人士便将他带到位于中央大街127号的别尔科维奇大楼地下室的塔道斯西餐厅。

自从上世纪50年代塔道斯离开哈尔滨后，他的塔道斯西餐厅自然也被政府没收了，在以后的几十年里别尔科维奇大楼楼下的这间地下室，多半时间是被用来堆放杂物的仓库，据说有一阵子还关过人。

跟露西亚咖啡馆的经营者一样，如今塔道斯西餐厅的老板也是一个酷爱俄罗斯文化和历史以及美食的人。于是2005年她在几乎是废墟的别尔科维奇大楼地下室里，将她心目中的塔道斯西餐厅复活了……难怪一年后，当那位美国老人被哈尔滨的有关人士领到塔道斯西餐厅时，竟然老泪纵横起来。原来他叫巴尉，是一位美国医生。早年他在哈尔滨行医时跟塔道斯成了好朋友，不仅经常来塔道斯西餐厅用餐，而且还成了塔道斯的保健医生。巴尉说他是1949年离开哈尔滨的，开始跟塔道斯还通信，但到了1957年后就再也没收到塔道斯的回信了……巴尉医生自2006年后每年都会来哈尔滨，他说虽然这一生可能再也见不到老朋友了，但每年能来哈尔滨的这间地下室里喝杯高加索葡萄酒看看老朋友当年的照片，已经满足了。

旅游贴士

中央大街美食

马迭尔中西餐厅
地点：中央大街89号
餐饮特色：马迭尔西餐厅名厨主灶、摆台服务、餐具都十分讲究。马迭尔中餐肴主要分凉菜、肉类、下水、蛋禽、鱼虾蟹、山珍、干鲜、甜菜、素菜九大类。

华梅西餐厅
地点：中央大街112号
餐饮特色：华梅西餐厅原名"马尔斯茶食店"，始建于1925年。经营最正宗的俄式西餐。红菜汤、俄式面包、软煎三文鱼、铁扒鸡、奶汁桂鱼都是难得的美味。

波特曼西餐厅
地点：西七道街53号
餐饮特色：波特曼西餐厅环境高雅。罐虾非常有特点，蘸着调料吃，口感绵软；黑椒牛排原料和做工都很好；店里自酿的红酒，适合配餐和女士饮用。

欧罗巴西餐厅
地点：西十道街22号
餐饮特色：欧罗巴是家不错的俄式西餐厅。罐羊、纸包大虾、俄式牛扒、俄式浓汤都不错。

露西亚咖啡西餐厅
地点：道里西头道街57号
餐饮特色：店中招牌菜油煎包是用牛奶、鸡蛋和面做皮，里面包的是牛肉猪肉馅拌大米饭。

塔道斯西餐厅
地点：中央大街127号，西五道街口
餐饮特色：各种各样的塔道斯酥塔盒，咬过之后，才知道松软的外皮里面藏着的是浓浓的草莓酱，或者是凤梨味、奶酪味、哈密瓜味的酱汁。

名典美人鱼
地点：西三道街
餐饮特色：脆黄香浓的俄式烤大串选用新鲜的猪梅肉，同青椒、胡萝卜、洋葱等，经俄式秘制方法腌制，烤制而成。

二千里烧烤城
地点：西五道街41号
餐饮特色：韩式烤肉好吃，价格公道。

高丽园
地点：花圃街20号
餐饮特色：红烧牛尾、酱汤、刺身，各式料理非常精美。

行走中国　/白山黑水——诗意黑龙江

早春三月坐着马车走在松花江上

行走在松花江上的感觉真是妙不可言。我曾经开车过桥跨越过松花江，我也曾经乘船飘流渡过松花江，但最让我兴奋的是我用自己的双脚踩在松花江厚厚的冰层上，一步一个脚印从哈尔滨中央大街旁的斯大林公园一直走到江北的太阳岛上。

本来以为春天到了，都已经能吃上开江鱼了，没想到那天下午，陪着第一次来哈尔滨的陆世伦，从中央大街一直走到江边才发现，松花江上竟还结着厚厚的冰层。江边有一群孩子在玩，还

随行的陆世伦在松花江的冰上诗兴大发

马车夫默默走在结了冰的江面上

哈尔滨的"俄罗斯味道"

地　名　松花江
关键词　马车夫、四轮马车、结冰的江面

松花江上的马车夫

起源于俄罗斯的四轮马车

有一辆吉普车竟在冰层上奔驰着。我跟陆兄说，看来这冰层还很厚呀。

一辆辆马车停在我们跟前招揽生意，忽然记起那年夏天，我走到江边看到的是一艘艘渡船，就停在如今马车停的地方。

车夫"安德烈"

我知道这种马车叫四轮马车，最早是差不多百年前由俄国人引进并经营的。那时哈尔滨的马路上到处跑着这种四轮马车，一些流亡的贵夫人往往愿意坐这种马车，因为不怕刮风下雨。托尔斯泰笔下的安娜·卡列尼娜也经常坐这种四轮马车去约会她的列文……一直到1965年哈尔滨还保留着这种俄式四轮马车，最后的马车夫是位70岁的俄国老人，名叫安德烈。说起马车夫安德烈，老一辈哈尔滨人都认识他，他从1925年起便在哈尔滨赶车了，到他去世整整赶了40年车。

安德烈的一生真的就如同《三套车》里唱的那样：冰雪遮盖着伏尔加河/冰河上跑着三套车/有人在唱着忧郁的歌/唱歌的是那赶车的人

安德烈是俄国贵族的后代，1917年俄国十月革命后，父母亲被苏维埃镇压，他和一个妹妹背井离乡最后颠沛流离来到了中国的哈尔滨。为了生存，妹妹当了舞女，而安德烈则成了马车夫。

一些坐过安德烈赶的马车的人回忆说，这位马车夫看上去很忧郁，不太爱说话，但却很大气，从来不计较钱，有时碰到客人没钱他也照送不误。

安德烈最后走得很凄惨但也很贵族，本来他可以不死的。早几年移民澳大利亚的他的妹妹已经启程来哈尔滨，准备接他走。但安德烈却已离不开他的老马和四轮车了，他说过：我只有我的马车和美丽的梦想……也许为了实现他的诺言，1965年11月3日晚上，他赶着四轮马车走向空旷无人的寒冷的夜里，再也没有回来……

走在松花江上

我们花了50元钱雇了辆马车去太阳岛，主要想体会一下双脚踩在松花江上的感觉。如果坐着马车从南岸斯大林公园到江北太阳岛，基本上在一个小时左右。我们说是坐马车，其实主要在行走，马车只是我们的道具，我们要拍照。

行走中国 /白山黑水——诗意黑龙江

赶马车的小伙姓王，是江北农村人。他说村子里的壮小伙们平时在家种地，到了冬天便都牵着马来松花江边做些生意。

见我们付了钱却不坐车，感到有点奇怪。而我们一到江上尤其是双脚一踩到冰层上便有了非常奇特和有趣的感觉，有时我们竟忘了身后还有辆马车跟着。

我因为在江上乘过船，所以如今在航道上行走便有了一种说不出的感觉，我看着脚下在想，这冰层会裂开吗？裂开我们不是要掉进冰窟窿了

这是夏天的松花江，冬天时我曾走在江面上

哈尔滨的"俄罗斯味道"

地　　名 ● 松花江
关键词 ● 马车夫、四轮马车、结冰的江面

吗？边走边想竟害怕了起来。马车夫小王说不要紧的，三月的松花江上还能开汽车呢，要到四月中旬松花江上才会有警戒标志，那时的冰层就开始松动了，游客自然也不能随便走了，而他们这些马车夫也要回家种地去了。

远眺中东铁路大桥

我远远地望见了松花江上的第一座大桥——中东铁路大桥，虽然它距今也已有百年历史了，但望过去依旧威武雄壮。上次乘船没顾上好好看一

松花江上的中东铁路桥和驳船码头

眼，此刻仿佛在散步，便能聚精会神地看过去……在我心中松花江上的中东铁路大桥就像是捷克的查理大桥，一样承载着太多的历史重负。

松花江铁路大桥始建于1900年5月，第二年10月投入使用。当年被称为第一松花江大桥。该桥在俄罗斯桥梁专家、中东铁路工程局桥梁总工程师连多夫斯基亲自监督下，由工程师阿列克谢罗夫负责施工。桥长949.185米，桥墩用花岗岩砌筑，十分坚固。松花江铁路大桥见证了中东铁路的通车，也见证了哈尔滨由几个村镇迅速发展为远东文化经济贸易中心的过程，见证了哈尔滨在清末、民国、日伪时期、新中国的城市历史。经由这座大桥进出哈尔滨的不仅有旅客和货物，也有沙俄、协约国、侵华日军的部队，有中东铁路初创时期的各国移民，也有十月革命时期的大批俄国移民，甚至中国共产党早期领导人也从这里踏上通往"赤都"的红色旅程。

行走中国 /白山黑水——诗意黑龙江

俄罗斯小镇和瓦西里的故事

由18栋俄罗斯风格的民居组成的俄罗斯小镇,坐落于哈尔滨松花江北岸的太阳岛上。从哈尔滨中央大街走到江边码头,坐船只要10分钟就能抵达,如果直接开车过去也就是20分钟的路程。但就是这么短暂的距离,展现在我们面前的却是一段段足以让人缅怀的历史和一份份冷暖情怀……

18栋俄罗斯老建筑

上个世纪初,许多俄罗斯人来到哈尔滨工作和谋生。其中有医生、教师、芭蕾舞演员、面包师、画家、诗人以及手风琴和小提琴手,还有为修建中东铁路而来的大批俄罗斯的铁路工程师和他们的家属。据考证,如今太阳岛上仅存的这18栋俄罗斯建筑的最初的主人,全都是当年这些修铁路的俄国工程师。

哈尔滨的老人说,很多年前在太阳岛上生活的人,大部分都是修铁路的俄国人,因为离中东铁路工地比较近,来去方便。

随着铁路的建成,俄国工程师陆续离开了太

太阳岛上的俄罗斯小镇

哈尔滨的"俄罗斯味道"

地　名 ◉ 太阳岛
关键词 ◉ 俄罗斯小镇、瓦西里

阳岛，而留下的房子便给了继续在哈尔滨谋生的同胞。后来日本人占领东北三省，战争毁掉了太阳岛上许多建筑。1949年以后，俄罗斯人陆续回国，他们在太阳岛上的房子也被一间间拆掉，除了个别还住人外，剩下的十几栋房子不是被遗忘便被掩埋在一片荒芜中。直到半个世纪后，这18栋老建筑才重见天日。

俄罗斯小镇这18栋跨越了百年历史的老洋房，样式全都是18或19世纪的苏俄建筑风格。比如花园有白色的木栅栏，房子的外面还有弯曲的木质楼梯，墙面的窗框上雕刻着叶卡捷琳娜的像以及尼古拉皇帝的宝剑，房顶上基本都建有小百叶天窗和红砖砌成的烟囱……

俄罗斯小镇上的俄罗斯姑娘达妮娅

如果苏俄小说看得多的人，面对此情此景脑子里一定会浮现出这样的画面来："阿克西妮娅站在小木屋的花园里，倚着白色的栅栏眺望着远方月光下那条崎岖的小路，寂静的夜里她听到了

最后一位离开太阳岛的俄侨娜塔莎婶婶的故居，如今是画廊

典型的俄罗斯古典主义风格的建筑，即使在俄罗斯也不多见了

戈里高里的那双马靴子的声音……虽然星星还是那样明亮，但屋顶上的烟囱里已冒出了淡淡的黎明的炊烟……"

刻在房子上的那些主人

俄罗斯小镇的大部分建筑上都刻有每栋房子最后一位主人的名字，比如"娜塔莎婶婶"和"尼古拉舅舅"，而有的房子上标有"卡娅面包"以及"安德烈啤酒"等，说明这些房子在当年还曾经做过面包房和酒吧。

如今部分建筑渐渐地也恢复和营造了一些商业内容，如当年的"卡娅面包"依旧是个面包房，里面俄罗斯营业员吆喝着在卖刚出炉的"大列巴"；而"安德烈啤酒"也还是酒吧，伴着俄罗斯音乐喝一杯新鲜的"格瓦斯"，倒也有点异国情趣……还有几栋房子被改做了画廊，画廊除了从俄罗斯引进部分油画外，还不定期邀请来自俄罗斯列宾美术学院的学生在现场作画，花不太多的钱买一幅至少"原汁原味"的俄罗斯油画，是许多人慕名来俄罗斯小镇的初衷。

当年住在太阳岛上的俄罗斯人中，最后离开小镇的是那栋蓝色的小木屋的主人娜塔莎婶婶。传说中娜塔莎曾是沙俄时代的一位贵族小姐，俄国十月革命后她随家人流亡哈尔滨。因为她弹得一手好钢琴，所以在哈尔滨她以教琴为生。后来她嫁给了一位乌克兰厨师并随丈夫住到了太阳岛上……1960年春天，已经孤独一人的娜塔莎婶婶终于回到了苏联。

跟小镇最有缘分的则是一位名叫卡洛佳的俄罗斯人，1955年冬天，17岁的卡洛佳随家人离开了他住了10年的太阳岛回到了莫斯科。2004年，经过哈尔滨有关方面的发掘、整理和修缮，太阳岛上的俄罗斯小镇正式对外开放。得此消息后，已76岁的卡洛佳故地重游，竟然还找到了如今已成为画廊的那栋当年自己和家人住过的房子。

旅游贴士

如何去俄罗斯小镇

俄罗斯小镇位于哈尔滨松花江北岸的太阳岛上。

交通：哈尔滨防洪纪念碑旁的江边码头，每隔10分钟就有船前往对岸太阳岛，往返船票10元1张。航行时间10分钟，下船后步行3分钟即到。招出租车亦可前往，费用30元左右。

哈尔滨的"俄罗斯味道"

地　名：太阳岛
关键词：俄罗斯小镇、瓦西里

瓦西里的传奇故事

俄罗斯小镇里最有故事最富传奇色彩的人，则是那栋标有"1950苏联人家"字样的房子的主人瓦西里。

2004年有关方面在维修这栋房子时，在阁楼里发现了房子的主人瓦西里当年藏匿在此的打字机、发报机以及部分关于日本关东军的情报……由此得知当年太阳岛上的这位瓦西里医生，竟是苏联红军的谍报人员。

其实在一些公开出版的读物中，苏联远东情报局的阿列克塞·瓦西里同志就是一位著名的情报员。1940年夏天，瓦西里以一位外科医生的身份定居太阳岛。由于是战争时期，他的高超医术很快就在哈尔滨日本关东军司令部里名声赫赫起来……关于瓦西里获取情报的方式有多种传

> **旅游贴士**
>
> **俄罗斯小镇看点**
>
> 俄罗斯小镇共有18栋建筑，以下几处必看：
>
> **俄罗斯裁缝店**：女主人达妮娅会讲流利中文，手工制作的俄罗斯小围裙特别好看。达妮娅对摄影师特别理解，她会主动站在小屋门前让你拍一张有异国风情的照片。
>
> **娜塔莎婶婶家**：如今已是俄罗斯画廊，常驻画家竟也是一位叫娜塔莎的俄罗斯女画家，看她画画不买也是艺术享受。画廊里陈列着俄罗斯美术学院许多学生画的作品，可考虑购买几幅，毕竟是"原汁原味"。
>
> **1950苏联人家**：这是前苏联红军情报人员瓦西里的家，旧居里陈列着清一色苏联风格的摆设，有手风琴、有套娃，还有打字机和伏特加。一架钢琴是瓦西里当年送给女儿的生日礼物，1959年瓦西里女儿回国时，决定将这间屋子里的所有东西都留在中国。
>
> **卡娅面包房**：在里面可以品尝正宗的俄罗斯面包。

此建筑为当年苏联侦察员瓦西里在太阳岛上的故居

说,流传最广的一个版本则是他医治了日本关东军一名将军的枪伤,从此这名将军视瓦西里为知己并与之交往了5年。而就在这5年中,瓦西里不断地从这名将军身上获得重要情报,其中一份关东军在东北边境的布防情报,至少让苏联红军在日后进军东北的战斗中,少伤亡了10万红军战士……

战后瓦西里的身份并没有暴露,他依旧留在哈尔滨行医……1958年他在太阳岛上这栋住了18年的房子里去世。

俄罗斯小镇建筑里的摆设都恢复了当年的模样

这是当年苏联侦察员瓦西里的卧室和他用的电话机

沿着果戈理大街

哈尔滨有两条著名的大街,除了中央大街外,还有一条以19世纪俄国批判主义文学奠基人果戈理的名字命名的大街——果戈理大街。

一条俄罗斯气息更浓的街

跟中央大街相比,果戈理大街似乎是一条更加原汁原味的充满了俄国人文气息的大街,尤其是大街两旁的建筑包括商场和教堂以及民居等

果戈理大街上的俄式建筑

都是俄国的建筑风格,因此我觉得果戈理大街算得上是真正意义上的一条俄国风情街。果戈理大街建于1901年,至今已有百余年的历史。1902年,俄国商人伊万·雅阔列维奇·秋林将他开办的秋林公司从当时香坊区迁至南岗区大直街与果戈理大街交会处,从此围绕秋林公司便渐渐地聚集起

著名的秋林公司

哈尔滨的"俄罗斯味道"

地　名 ● 果戈理大街
关键词 ● 秋林公司、红军街

〇〇八　果戈理

果戈理大街上当年的俄罗斯驻哈尔滨总督府

果戈理大街上的苏联红军纪念碑

还有一个电影院,是建于1925年的基干特电影院(现为亚细亚电影院),它是典型的古典复兴式建筑。

位于果戈理大街中心的秋林公司,则是整条大街的地标性建筑。它是一件体现出新运动思潮并有着较强巴洛克特征的折中主义建筑作品。而在果戈理大街南侧有个带花园的小学校,原为日本驻哈尔滨总领事馆。它外部端庄高贵,内部典雅华丽,是一栋博采众长的折中主义的经典之作。

当然果戈理大街上最具俄国文化的建筑当数建于1912年的阿列克谢耶夫教堂。教堂设计师为俄国人米尔诺夫·托夫塔诺夫斯基,教堂本身为巴洛克风格,结构复杂线角丰富并且红白相间。钟楼上的帐篷顶与主体上部的洋葱头顶前呼后应相得益彰,远远望去别有一番神韵。

富有历史意义的红军街

走在果戈理大街上,还有一个地方是不能不去走走的,那就是博物馆广场旁的红军街。红军街也是百年老街,建于1898年,原名霍尔瓦特街。与果戈理大街在博物馆广场交会,构成市中心大十字交通要道,是哈尔滨中心区。民国时期前来修建中东铁路的俄国先遣队最早落脚在香坊,而

了多家俄国人的商号、药店、教堂等,而果戈理大街便开始慢慢兴旺发展起来。

比如果戈理大街的西侧,有建于1904年的东清铁路中央医院(现哈铁中心医院),院内绿树成阴,占地8万多平方米。医院的办公楼、门诊部、病房都是典型的俄罗斯建筑。顺着街往上走不远便是建于1908年的敖连特电影院(现和平电影院),这座同样具有俄罗斯风格的充满了浪漫主义色彩的建筑,是中国最早的电影院。在它的对面

哈尔滨的"俄罗斯味道"

地　名　●　果戈理大街
关键词　●　秋林公司、红军街

工程局机关大批人马是后来乘船抛锚在松花江上一个名叫今小九站的江滩上。他们用马车拉运器材与筑路材料往返于香坊和今小九站之间，来来往往的行人和车辆便踏压出了一条泥泞的土路，这就是最早的红军街。

后来随着哈尔滨火车站和位于市中心的圣尼古拉大教堂的落成，红军街便自然繁荣起来。俄国工人们围绕博物馆广场规划出了放射性的交通道路格局，最著名的便是果戈理大街。同时也在这个周边大兴土木。于是一座座俄式建筑拔地而起，一片片铁路住宅应运而生。由于博物馆广场是全市

原日本驻哈尔滨总领馆，一栋折中主义风格的建筑

的制高点，在这里形成的街路和楼群又体现了欧洲传统的城市规划以教堂为中心的格局，在很长时间里，红军街上的圣尼古拉大教堂成为"东方莫斯科"的象征。去红军街走走的理由不仅仅因为它是条百年老街，也不仅仅是它拥有许多美丽的建筑，更重要的原因是当年的苏联红军正是从这条街冲进了日本关东军司令部，取得了对日作战的最后胜利。正因为如此，哈尔滨市政府在此建起了苏军烈士纪念碑，并于1949年为纪念苏联红军解放全东北而将原名霍尔瓦特街改称为红军街。

为纪念苏联红军解放哈尔滨，有关部门专门在果戈理大街上又建了一条"红军街"

果戈理大街上的著名建筑黑龙江省博物馆

地理知识百科

果戈理大街

　　果戈理大街建于1901年，至今已有百余年的历史。早在20世纪初，随着中东铁路的修筑，围绕市中心喇嘛台广场周边拉起了街基，果戈理大街出现了雏形。1902年，秋林公司为扩大经营，将位于香坊区的分公司迁至南岗区大直街与果戈理大街交会处，并盖起了楼房，从此，围绕秋林公司左右兴起多家俄国人的商号、药店等。果戈理大街也逐渐开始夯实和扩展。

　　果戈理大街原名新商务街、果戈理街。1925年改为义州街。它位于南岗区中部，南起文昌街，北至一曼街，全长2 642米，原为方石路，1987年改铺柏油路面，车行道宽12~21米，两侧人行道各宽2~4米，步道板铺装，为市一类街路。1958年，为纪念毛泽东主席视察哈尔滨时题词"奋斗"而改称为奋斗路。2003年9月28日改称果戈理大街。

老道外才是哈尔滨最后的记忆

在哈尔滨游历期间,省民委吴景芳处长建议我去哈尔滨老道外看看,说那是一个特别值得去的地方,既有文化历史的沧桑,也有市井人情的喧嚣……

那天下午我来到老道外,眼前的景象让我感觉特别的惊讶。首先感觉老道外简直不像是在哈尔滨甚至都不像在中国,那大片大片的巴洛克建筑群仿佛让我来到了欧洲的某个城市。另外这个"欧洲城市"此刻简直就是个大工地,所有的人都在进行或许是史无前例的大搬迁,所有的建筑里面仿佛都已被掏空,只留下墙、门洞和廊柱……原来老道外正在进行改建,为再现这片著名的历史文化街区,哈尔滨市政府从2007年开始,准备用3年的时间对老道外进行改造。在老房子里建游乐场所,其中

如今寂静的哈尔滨老道外

正在搬迁的老道外

建于1908年的敖连特电影院(现和平电影院),是中国最早的电影院

哈尔滨的"俄罗斯味道"

地　名：老道外
关键词：记忆、敖连特电影院、贵族的气派

有洗浴、客栈、戏园子、电影院、会馆、小吃城、古玩交易以及酒吧和演艺歌厅等场所……

"中华巴洛克"建筑街区

望着这些被拆得七零八落的老建筑,我感兴趣的不是它的未来,而是它的过去。哈尔滨老道外是哈尔滨的发源地,百年前的哈埠只有东西两区,东区是道里的三十六棚,西区便是老道外的中华巴洛克建筑区。西起景阳街东至十道街,北起升平街南至南勋街共有面积53.11公顷的街区。为什么叫中华巴洛克建筑群呢? 原来在老道外街

老道外随处可见古典建筑风格的民居

老道外居民

区上沿街而立的斑驳的巴洛克风格建筑身后,竟然隐身着257个中国传统院落,因而老道外也就成了目前全中国保留面积最大的"中华巴洛克"建筑街区。

所谓"中华巴洛克"建筑其实就是"中国式西洋建筑",是典型的中西合璧的产物。据史料记载,早在20世纪初,一批精明干练有头脑有胆识的民族工商业精英,率先在南二道街开商铺办实业,在老道外的腹地置地盖房。盖楼时那些中国工匠纷纷效仿道里、南岗的"洋房",采用中国的建筑手法,清水砖墙,白灰勾缝,砖木结构,雕花围檐,建造成了典型的欧式立面中式院落的"小洋楼",也就是"中华巴洛克"建筑。而且这些"小洋楼"商居两用,前店后厂,成为哈尔滨的建筑经典。

老哈尔滨人记忆中的道外

哈尔滨开埠之初只有南岗、道里、道外三个城区,而前两个区基本是外国人的居住地,只有

 地理知识百科

老道外

是哈尔滨市道外区的一部分。称其"老",是因为现在的道外区是过去的道外区与太平区合并形成的一个新的道外区。但最有历史意义与研究价值的,还是原来的那个道外区,哈尔滨人也都把这个老城区习惯地称为"老道外"。

哈尔滨的"俄罗斯味道"

地　名　老道外
关键词　记忆、敖连特电影院、贵族的气派

道外区聚集的都是中国老百姓，闯关东的、做买卖的外地人都到这里"安营扎寨"。所以老道外，是老哈尔滨人心中的一座豪华城堡，即使陈旧也永不坍塌。在老道外背着相机一路拍摄，便不时有居民过来招呼。于是边拍边聊，一路上也听到了许多老道外人隐藏在心中的，对这片土地以及发生在这片土地上的人和事的无限的眷恋……

在已被拆空的电影院门口，一位年长者告诉我，老道外的戏园子、电影院是当时哈尔滨市最多最有名的。他告诉我说，早在1916年，南十六道街上就有新乐、华乐、安乐三大舞台……丰润六道街上的中央大舞台、北三道街的新舞台、正阳头道街的同乐舞台也相当有名。中央大舞台是京剧舞台，解放前和解放初期，四大名旦等京剧国粹来哈演出均在中央大舞台。1955年4月28日至5月26日，著名京剧艺术家、上海京剧院院长周信芳为纪念他舞台生涯50周年，率领上海京剧院在道外京剧院演出长达近一个月，场场爆满……

而当我走在老道外的靖宇街时，又有人告诉我这靖宇街曾经的繁华足以令人惊叹，拉洋片的、变戏法的、打把势的、耍猴的、演杂技的、演皮影戏的、说相声的、唱大鼓的、说评书的、拉京胡的、唱京戏的……无一不有。

老道外的"名小吃"更是让老哈尔滨人津津乐道。许多在道外生活了几十年的老人，虽然现在家已迁离了道外，但不时地还让自己的孩子去道外给买"好吃的"。有位叫王显万的老人至今说起那些名小吃依旧如数家珍，他一口气说出好多当年的经典名吃：老仁义馆的羊肉馅饼牛肉蒸饺、张包铺的排骨包子、宝盛东的圆笼包子、永发合的缸炉烧饼、李连贵的熏肉大饼……而老道外的小胡同小街巷也是哈尔滨历史的浓缩。家住平原巷的孙宝林说，解放前老道外区共有大小街巷116条，最早的延爽街和平原巷，其历史可以追溯到1870年。我望着眼前这片饱经沧桑的建筑，耳边回响着一路上老道外的百姓们跟我唠起的这些令他们津津乐道的如今却已成烟云的往事……

〇〇九　老道外

055

虽然破旧但蓝天下的百年建筑依旧凸现着贵族的气派

乌苏里船歌"赫尼那"调

曾经享誉中国大地的《乌苏里船歌》唱的是赫哲族人的渔猎生活，那著名的"赫尼那"调，把生活在黑龙江流域的赫哲族唱响了大江南北。

"赫哲"一词最早见于《清圣祖实录》，是"东方"和"下游"的意思。当时清朝将分布于黑龙江、松花江和乌苏里江三江流域的土著居民称为"赫哲"。1934年凌纯声的《松花江下游的赫哲族》一书出版，赫哲族的名称广为流传。赫哲族人世代居住在三江流域，这种生态环境决定了赫哲人以渔业为主的生产方式并孕育生产了赫哲族的鱼文化，如鱼皮服饰、渔猎工具、食鱼习俗以及由鱼派生出的宗教和工艺。

《乌苏里船歌》唱了半个多世纪，但船歌的主人却越来越少了。作为中国55个少数民族中人口最少的赫哲族，真的已经能用"最后"来定义了。目前全中国的赫哲人不足5000人，全部生活在黑龙江。

如何拯救赫哲人的渔猎文化以及研究他们悠久的历史，这或许是专业研究者的责任。而我能做的是用镜头和文字力所能及地记录下赫哲人生活中的一些片断以及他们的风土人情。历史是不会灭亡的，而我镜头里和笔下的这种生活场景以及风趣的人文景象却是会随着时间的流逝而消亡。

"渔猎部落"赫哲族

半个多世纪前,著名歌唱家郭颂的一首《乌苏里船歌》唱响了大江南北,这首运用了赫哲族民歌的"赫尼那"调的歌曲,除了生动讴歌了赫哲族人居住的乌苏里江和大顶子山的美丽风情外,更是将赫哲人独特传统的渔猎生活揭示给了世人……

赫哲族是中国55个少数民族中人口最少的一个民族,据2007年底的统计,全国赫哲族人口不足5000人,而且全部居住在黑龙江省的东北部,以同江、抚远和饶河三江流域为主要居住地,部分散居于佳木斯周围。

据史料记载,最早的赫哲族的远祖始于隋唐时期,史学家凌纯声在其著《松花江下游的赫哲族》一书中也指出:"从赫哲现在所居的地域上考察,隋唐时的五国部,当为赫哲的远祖。"所谓五国部,是当时五个大部落集团的总称。五国部的族属绝大部分以赫哲族的先世为主。

12世纪初女真人建立金朝。赫哲族先世便开始与金朝关系密切,当年金朝的胡里改路、速频(恤品)路和上京路管辖范围内的主要成员之一均为今日的赫哲族。

进入17世纪后,沙皇俄国开始对中国特别是东北边疆实行蚕食政策,不断入侵黑龙江下游及

抚远的渔民向我展示刚出江的大鲤子

乌苏里船歌"赫尼那"调

地　名：抚远、饶河
关键词：渔民、大鲤子

打鱼归来马上有人来收购

美丽的渔民新村

种植棉、麻等用于纺织的作物，而在古代和战争年代，又因交通和战乱等因素的影响，赫哲族很难获得来自中原及其他地区的布帛织品和粮食，于是赫哲族不仅捕鱼食鱼，还用鱼皮制作衣服、套裤和鞋……所以赫哲人又被称为"渔猎部落"。

打鱼归来马上有人来收购

饶河的孩子在广场上游玩

乌苏里江流域。赫哲族为了保家卫国，与敌人进行了英勇的斗争。其中较为著名的战役有乌扎拉本之战和尚坚乌黑之战。

抗日战争中许多赫哲族人参加了抗日义勇军和抗联军，为打败日本侵略者谱写了光辉的一页。

赫哲族生活的三江流域属于高寒地区，无法

饶河的孩子在广场上游玩

百科知识

赫哲族

现有人口0.42万。赫哲族大部分居住在中国东北部的黑龙江省同江、抚远、饶河等市、县，其余分布在佳木斯、富锦、集贤、桦川、依兰等县。

赫哲族历史悠久，与中国东北的古代民族"肃慎"、"挹娄"、"勿吉"、"女真"等有着密切的族源关系，清代的"黑斤"、"赫哲哈喇"即是赫哲族的先民。赫哲族有本民族的语言，赫哲语属阿尔泰语系满－通古斯语族，没有本民族文字，赫哲族是中国北方唯一的以捕鱼为生、用狗拉雪橇的民族。

抚远江边的景色

在街津口感受"鱼皮文化"

街津口的由来

街津口位于黑龙江下游的同江县境内,与俄罗斯隔江相望,是黑龙江畔一座美丽的小山村,也是中国著名的赫哲族聚居地。关于街津口这个地名,民间曾有一个传说,说是在很早以前,江边住着一个叫"该津"的赫哲老人。有一年夏天,黑龙将所有的鱼关押起来,不让渔民捕捞。老人便手持鱼叉和黑龙搏斗并扎断了黑龙的尾巴,于是黑龙只好求饶并放回了鱼群。为了让赫哲人永远能在黑龙江里捕到鱼,老人从此便守在江边,年复一年天长日久,不知过了多少代,老人终于变成了江边的一块石头……

由于赫哲人将"街"念成"该",所以为了缅怀这位名叫"该津"的老人,后人便将老人曾经常年守候着的黑龙江边的这个口岸称之为街津口。

街津口不仅有寄托着赫哲人美丽梦想的传说,更是有着悠久的历史。中国科学院的考古工作者曾经在这里发现了石斧、骨箭头等原始渔猎之物。而在《赫哲简史》中更是有当年女真统帅曾向街津口的赫哲人恳求"用鱼叉和鱼骨箭起兵相助"的记载。

街津口的赫哲人不仅仅在遥远的女真时代"用鱼叉和鱼骨箭起兵相助",在沙俄侵略者和日本侵略者面前,他们同样勇敢地拿起鱼叉和鱼骨箭捍卫家园……

孙玉林的鱼骨画

在街津口游历,孙玉林家是一定要去造访的。

孙玉林是街津口的一位普通村民,但他的鱼骨画艺术以及他和太太共同制作的鱼皮衣服却让他名声在外。

孙玉林家的平房就坐落在村子的中央,小屋的门前晾着一大堆洗净了的白白的鱼骨头,而屋檐下则挂着几张鱼皮。平房有两间屋子,门口那间被布置成了一间小商店,屋子里摆着两个柜台,里面全是用鱼骨和鱼皮做成的小工艺品,有鱼骨

正在制作鱼皮画的农民孙玉林

孙玉林做的鱼皮服

乌苏里船歌"赫尼那"调

地　名●街津口
关键词●孙玉林、尤文凤、鱼皮艺术

孙玉林做的展示"渔猎部落"历史的鱼骨画

串起的鱼骨项链、有鱼皮做的鱼皮娃娃等，而墙上则挂着一套鱼皮服和几幅装了框的鱼皮画。里面那间屋子则是孙玉林夫妇的工作室，夫妻俩作画制衣全在这间小屋里。

我走进里屋时，孙玉林正在埋头制画。后来他告诉我，当我进屋时他正用镊子将一根根极细的鱼刺粘到画上，这个动作是不能停顿的，所以我进来时他"旁若无人"。

而这个必须"旁若无人"的动作，就是制作鱼骨画的关键所在。

孙玉林告诉我，因为鱼骨画所表现和刻画的大都是赫哲人生活和捕鱼的场景，画中的主角除了人便是鱼，而要将这两个主角刻画得栩栩有生，便要将一根正常的鱼刺切分成十分之一细，然后再将几十根这样比头发丝还细还软的鱼刺粘合在一起来拼绘出人物和鱼的画面，虽然如此工艺对制作人的要求极高，但绘制的作品却极其生动。

孙玉林早年从事捕鱼，2000年拜赫哲族著名艺人孙有才为师，开始走上鱼骨画和鱼皮衣绘制的道路。

学艺的道路是艰辛的，原本孙玉林打上来的鱼卖掉后有可观的收入，但自从学习制作鱼骨和鱼皮画后，他一条鱼都舍不得卖。制作一幅12寸左右的鱼骨画，首先需要两条至少10斤重的大鲤子或大马哈的鱼骨，然后要拆骨洗净晒干方能用……开始两年打鱼没有收入，画也无人知晓，一家人生活贫困。但即使如此，孙玉林也舍不得卖一条鱼。尤其是有一次他捕到了两条如今已经很难捕到的大马哈，鱼贩闻讯后赶来出高价向他收购，但孙玉林依旧不卖。

我问他当时是怎样想的，他说他当时当然知道这两条大马哈能卖出高价改善家人的生活，但他也知道这珍贵的大马哈的鱼皮和鱼骨，可是制衣作画的最好的材料啊，他更知道当年他打鱼是为谋生而如今打鱼是为了弘扬宣传赫哲人古老传统的渔猎文化。所以他当时想这鱼再贵也不能卖，他要用这两条大马哈的鱼皮和鱼骨从事他的艺术创作。

孙玉林从事鱼骨画创作7年，迄今为止已制作了近500幅大小各异风格不同的鱼骨画以及和夫人合作完成的几十套鱼皮衣服。如今孙玉林的作品已不仅在黑龙江，即使在全国也已有了名声。北京和上海的一些代表团出访，为了准备礼品都来定制孙玉林的鱼骨画。黑龙江电视台和中央电视台更是将孙玉林视为赫哲族名人而对他进行了深度专访……

鱼皮服饰的传人

如果说孙玉林的鱼骨画让人们领略了赫哲人"鱼皮文化"的魅力，那么同样居住在街津口的

鱼皮文化

用来做艺术品的鱼骨

赫哲人尤文凤以及她制作的鱼皮服饰,则让世人对赫哲人的"鱼皮文化"叹为观止起来。

得知我是上海来的摄影师,尤文凤特意将她的全套行头整齐地穿戴起来,从头上的帽子到脚底的鞋,全是鱼皮制作的。尤文凤在穿戴鱼皮行头时,我注意到她身后挂着一张儿子和儿媳拍的时尚婚纱照,而旁边则摆着一台索尼彩电……忽然间在这不经意显现出的现代与古老的转换瞬间,我感受到了文化的力量和精神的坚持。

"如今做一件鱼皮衣需要多少条鱼的鱼皮?制作过程又是怎样的呢?"望着眼前尤文凤身上金灿灿闪烁着鳞光的衣服,我情不自禁地问了起来。

尤文凤告诉我说:"如今做一件成人穿的鱼皮衣,至少需要50多条10斤左右的大鱼的鱼皮。首先将鱼皮剥取洗净后必须在火堆旁烘干或者贴在墙上晾干,然后再将干了的鱼皮卷用玉米面包裹后放进一个木槽中,用铁斧或木斧使尽捶打使皮质变软……"

尤文凤特意强调用玉米面包裹鱼皮的作用是去除鱼的腥味儿和鱼脂,她说这是做鱼皮服饰最关键的一道工序。

我又问尤文凤,赫哲人一般都选用什么样的鱼的皮来做衣服?

她说黑龙江里几乎所有的鱼的皮都能用来制衣,当然最好的一定是大马哈鱼的鱼皮,不仅结实而且纹理细致美观,尤其是成衣后更是光洁鲜亮。但如今大马哈鱼属珍稀鱼类,要想剥几十条大马哈的鱼皮来制衣几乎没有可能。所以如今一般都选用大草鱼、大鲤子以及胖头鱼和鲢鱼的鱼皮来缝制衣服……尤文凤说一件鱼皮衣从剥鱼皮到缝制成衣绣上花纹至少需要3个月左右的时间。

尤文凤让我仔细看她衣服上的花纹并问我熟不熟悉,我一看便脱口而出:"这不是奥运祥云图案吗?"我问尤文凤这是不是为纪念奥运而特意绣上去的。尤文凤笑着说:"如果像那就是巧合,但赫哲

国家级非物质文化遗产项目赫哲族鱼皮技艺传承人尤文凤

乌苏里船歌"赫尼那"调

地　名　街津口
关键词　孙玉林、尤文凤、鱼皮艺术

人一千年前便视这样的云纹为自己的吉祥物了,因为赫哲族是个祥和的民族,我们赫哲人不仅在服饰上绣这样的云纹,在我们的房子上在我们的渔船上在我们同江赫哲族文化博物馆保存的赫哲图腾上也到处都有这样的云纹图案……"

尤文凤出身于鱼皮制衣世家,其母尤翠玉生前被誉为赫哲族艺术大师,由她制作的一件鱼皮衣已被中国民族博物馆收藏。

尤文凤从小跟母亲学艺制作鱼皮衣,不但掌握了母亲教授的技艺而且青出于蓝胜于蓝,尤文凤制作的鱼皮衣竟也与时俱进起来,花样及款式都有了创新,这几年不断有外国朋友向尤文凤定制鱼皮衣……为了将这一艺术传承下去,如今尤文凤还带着儿子儿媳一起制作鱼皮服饰。

2007年6月,中华人民共和国文化部向尤文凤颁发了"授予尤文凤为国家级非物质文化遗产项目赫哲族鱼皮制作技艺的代表性传承人"的证书,通红的证书奠定了尤文凤在赫哲族"渔猎文化"领域里不可替代的地位。

鱼皮文化

鱼皮文化是北纬45度以上区域内存在的特色文化。虽然历史上众多民族都曾有过鱼皮文化,但从清代至今只有黑龙江省同江市街津口乡的赫哲族将之传承沿袭下来。传统的鱼皮技艺包括一整套复杂的加工过程,过去赫哲族妇女都能熟练掌握这一技艺。20世纪50年代以前,赫哲人大都喜欢穿用鱼皮为面料做成的服装,主要有套裤、手套、绑腿和妇女穿的长衣。后来由于制作工艺复杂、成本高昂等原因而逐渐被其他材质所取代,这种传统手艺也渐渐失传。

鱼皮衣加工步骤

1、选择材料

做鱼皮衣服的材料是经过认真选择的,并不是什么鱼皮都可做衣服。首先要选择比较大的,一般都选用十几斤或几十斤的。另外,在长期的实践中,赫哲人针对当地各种鱼皮的特点,逐步摸索并掌握了适合做不同衣物的材料:胖头鱼、狗鱼、捣子鱼的皮,是做鱼皮线和裤子的材料;大马哈鱼、细鳞、哲罗、鲤鱼等可做手套;槐头鱼皮较大,适合做套裤、口袋以及绑腿、鞋帮等。除鲤鱼皮制品结实耐用能防浸水膨胀腐烂,适合夏天穿用外,其他鱼皮制品均为冬季不下水时穿用。

2、工序

赫哲族妇女将捕来的胖头、干条、草根、鲤子等鱼的鱼皮剥下,将剥掉的鱼皮略为放干燥,用熟鱼皮的木棰在槌床上反复捶打,直捶至鱼皮柔软为止。做鱼皮线时,将鱼皮剥下撑开晾干,四角不整齐的地方切去,在上面抹一层鱼肝油,使鱼皮潮湿后卷起来,用小木板紧紧捺住,用快刀切成细线,线的一头要细一些,以便穿针,再将其用野花染成各种颜色,就可以根据生活的需要,裁剪、缝制各种衣服了。

鱼皮服饰种类

1、鱼皮袍

赫哲族的鱼皮衣服多用胖头、赶条、草根、鲩鱼、鲟、大马哈、鲤鱼等鱼皮制成,长衣居多,主要是妇女穿用。式样如同旗袍,袖子短肥、腰身窄瘦,身长过膝,下身肥大。领边、衣边、袖口、前后襟等处都绣有云纹或用染色的鹿皮剪贴成云纹或动物图案,并用野花汁染成红、蓝、黑等颜色,风格淳朴浑厚、粗犷道劲。早年衣下边往往还要缝缀海贝壳、铜铃和璎珞珠琉绣穗之类的装饰品,更加别致美观。鱼皮袍等鱼皮服饰具有轻便、保暖、耐磨、防水、抗寒、易染色等特性。特别是在严寒的冬季不硬化、不会蒙上冰。

2、套裤

赫哲族渔民的鱼皮套裤是用怀头、哲罗或狗鱼皮制成的,分男女两种。一般都是比较肥大的,套在裤子外面,男式的上端为斜口,女式的上端为齐口。主要是捕鱼和劳动时穿的,冬季可抗寒保暖,春秋可防水护膝,大都绣有花纹或镶有花边。

3、半高筒皮靴

既可冬季穿也可夏季穿,具有不受、朝湿、不挂霜、不打滑等优点,深受赫哲人喜爱,延续时间最长,使用也最广。冬季穿时,为了保暖,里边需套上狍皮袜头或絮上乌拉草。

旅游贴士

街津口

街津口位于黑龙江省同江县境内,是中国著名的赫哲族之乡。

哈尔滨每天有长途班车前往同江市(早上8点30分哈尔滨客运站发车,下午4点30分抵达同江客运站,车票130元一张),在同江市可租车前往街津口(同江至街津口20多公里,费用可面谈,50元左右)。

在街津口可住赫哲人家,住一晚100元(包一顿有鱼汤和杀生鱼的晚餐),也可返回同江住,各种档次宾馆应有尽有。若9月份前往,220元便能入住当地最高级的东方宾馆的标房(24小时供应热水)。

在同江和街津口有许多饭店供选择,菜肴自然以鱼为主。必尝赫哲族名菜"杀生鱼",另外木耳菜及土豆亦是当地特产值得品尝。须注意由于当地习惯所致,每份菜的量特别大,3至4人点2份菜足矣,最多3份,不然就浪费了。

四排乡里过中秋

2008年9月14日中秋节,我来到又一个著名的赫哲族的集居地——黑龙江省饶河县四排乡四排村。四排村位于大顶子山下乌苏里江边。我一踏上四排村的乡间路,望着大顶子山间的白云和乌苏里江上打鱼人,我耳旁便响起了当年郭颂创作并演唱的《乌苏里船歌》:

乌苏里江来长又长/蓝蓝的江水起波浪/赫哲人撒下千张网/船儿满江船满舱

白云飘过大顶子山/金色的阳光照船帆/坚摇桨来掌稳舵/双手赢得丰收年……

四排村的村委会主任于春杰告诉我,当年郭颂就是下到了他们四排村体验生活,才写出了《乌苏里船歌》并声情并茂地演唱了它。

离不开鱼的赫哲人

在村里随便遛达,给我印象最深的就是鱼。

我在村子里看到几乎每户人家都有一个鱼篓子,赫哲人称之为"塌古通"。里面拉的是鱼坯子,腌的是鱼籽和鱼块。而在屋前房后的木板围墙上,则挂满了一块块闪光的绞丝鱼网。

赫哲人过去穿的是鱼皮,吃的是鱼肉、住的是

饶河四排乡四排村村委会主任于春杰专门去江里打鱼为我过中秋节

乌苏里船歌"赫尼那"调

地　名　四排乡
关键词　于春杰、中秋节、吃生鱼喝白酒

一锅鲜美鱼汤

鱼皮围的撮罗(窝棚)。直到现在人们仍旧爱吃"生鱼"也就是"拉布特喀"并用它来招待客人。

婴儿出生时，家里人便会用鲜美的鱼籽和杀生鱼招待乡亲，报告家庭繁衍兴旺的喜讯。而孩子刚五六岁时就开始跟着大人学叉鱼、钓鱼，到了十几岁便下江捕鱼了。

于春杰一家的幸福生活

姑娘出嫁的条件也离不开鱼，男方非得是捕鱼能手不可。等到姑娘到了婆家，坐的是渔船彩车，穿的是鱼皮衣裤。

甚至亲人去世，亲友们也要带着鱼和酒吊唁，表示对死者的怀念并让勤劳了一生的打鱼人死后也有鱼、酒陪伴……这些在别的赫哲族村落已难得一见的场景，如今在四排村都被完

地理知识百科

乌苏里江

乌苏里江是中国黑龙江支流，中国与俄罗斯的界河。上游由乌拉河和道比河汇合而成。两河均发源于锡霍特山脉西南坡，东北流到哈巴罗夫斯克(伯力)与黑龙江汇合。长909公里，流域面积18.7万平方公里。江面宽阔，水流缓漫。主要支流有松阿察河、穆棱河、挠力河等。乌苏里江有5个月左右封冻期。

过中秋

赫哲人有吃生鱼的习惯

好保存和继承着。陪同我采访的饶河民族宗教局赫哲人葛玉霞副局长说，四排村是目前赫哲族文化和生活保存得最为完好的一个村，村里近百户赫哲人家至今依旧守着传统，坚持着许多赫哲人的生活方式。

比如凡是遇到节日，不管是哪个民族的节日，村里的赫哲人都会穿上喜庆的民族服装。据民国出版的《松花江志稿》一书中记载，赫哲人节日穿盛装的乡俗，源于遥远的女真时期。当年顺江而下的一支赫哲部落虽力单势薄，但凡路上遭遇不测和困难，总有其他民族的兄弟拔刀相助帮他们度过重重难关……这支部落经历了12年的征战和跋涉，终于在沿黑龙江和乌苏里江的江滩上落脚扎根。部落首领宣布，为感谢兄弟民族的帮助，日后凡是遇上节日和庆典，赫哲人需着盛装相迎……

这个几百年前定下的规矩和传统，四排村的赫哲人坚守到今天。

带来好运的"拉布特喀"

四排村坚守的另一个传统也是跟节日有关，只要节日是在捕鱼季节，四排村赫哲人便会在节日这天起个大早出江捕鱼，等到中午收网回来时，每户人家的女人和孩子便直接来到江边网滩寻找自己家的船，这时只见每个船上的老大们都忙着剖鱼，等到家人带着白酒、生菜围上来坐到了船头，一顿鲜美的"拉布特喀"（生鱼）团圆饭

上下图：2008年9月14日中秋节，我跟于春杰一家人在乌苏里江边吃生鱼喝白酒，按赫哲人的习俗过了一个难忘的中秋节

乌苏里船歌"赫尼那"调

地　名 ● 四排乡
关键词 ● 于春杰、中秋节、吃生鱼喝白酒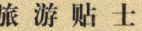

便开始了……

赫哲人靠江靠鱼生活，所以特别讲究一年一度的开江鱼，他们认为捕开江鱼吃开江鱼，注定了他们一年的好运。但开江鱼一年只有一次，为了让更多的好运降临到自己的身上，明清年间的赫哲人开始了逢年过节清晨捕鱼的习惯，他们认为节日是好日子，能在好日子刚开始时就捕到鱼并当场做一顿"拉布特喀"（生鱼）团圆饭，那好运一定会伴随的……

于春杰说我很有幸，正巧中秋节来到了四排村，所以四排村赫哲人的传统都让我遇上了。

中午时分，我随于春杰来到四排村紧挨在他家门口的乌苏里江边，他弟弟在船边已生了一把火，因为怕我吃不惯"拉布特喀"（生鱼），细心的于春杰便早早地叮嘱弟弟，要把鱼烤熟了给我吃。

于春杰的妻子和儿子则已围坐在船头上，船头

这是于春杰的儿子

旅游贴士

如何去四排乡

四排乡位于黑龙江省饶河县境内，是中国著名的赫哲族乡。

哈尔滨每天有长途班车前往饶河县（早上8点哈尔滨客运站发车，下午晚上6点30分抵达饶河客运站，车票150元一张），在饶河县可租车前往四排（饶河至四排20多公里，费用可面谈，50元左右）。

饶河县城有各种档次宾馆，但因每天有众多俄罗斯人来旅游，因此宾馆价格相对偏高。若9月份前往，住当地最高级的宾馆的标房每间要300元（24小时供应热水）。

饶河县城亦有许多饭店供选择，菜肴自然也是以鱼为主。必尝赫哲族名菜"杀生鱼"，另外小笨鸡、野蘑菇亦是当地特产值得品尝。另外饶河客运站对面一家水饺店的水饺特别好吃，肉三鲜水饺只要3元一份（3两18只），牛肉水饺4.5元一份（3两18只），同样须注意由于当地习惯所致，每份菜的量特别大，3到4人点2份菜足矣，最多3份，不然就浪费了。

饶河以湿地闻名，坐车前往四排途中随处可见，若是9月前往，湿地上颜色泛黄泛红泛蓝，若光线好可拍出好照片。饶河郊外的山上有一驻军哨所，若能得到驻军首长配合支持，登上哨所可拍到饶河最美丽的湿地并可拍对岸俄罗斯小镇。在四排必听赫哲人唱一段《伊玛堪》，不然一定后悔。

上除摆了黄瓜、生菜和一瓶白酒外，还有一条十斤重的大鲤子在喘着气，而另一条大鲤子则已开膛剖肚，一半在火上烤着，另一半则做成了"拉布特喀"（生鱼）。于春杰告诉我，船上这两条大鲤子便是他今天一大早出江的成果。

举杯开吃，我有幸与赫哲人家在乌苏里江边在大顶子山脚下，吃了一顿"拉布特喀"（生鱼）中秋团圆饭……一杯白酒一饮而进，于春杰拿刀割下一块生鱼送到我嘴里，见我咀嚼得滋滋有味，老于连说兄弟够朋友。两杯白酒下肚，突然想起我只顾上吃而忘了将这难得一见的场面拍下来，于是赶紧放下酒杯拿起相机，对着老于一家人一阵咔嚓……

说《伊玛堪》跳萨满的葛玉霞

饶河著名说唱艺人葛玉霞

说起赫哲族就不能不提《伊玛堪》和萨满，"伊玛堪"为赫哲语音译而来，但其意却至今都没有一个准确的说法，一般都认为是一种古老的说唱艺术，赫哲人则自称是"捕鱼人的歌"。但专家认定《伊玛堪》是赫哲民族通过艺术形式表现本民族的历史、英雄人物、社会生产、风俗习惯以及信仰的"百科全书"。而萨满则是赫哲人祈求神保佑他们生活安康渔猎顺利时的一种舞蹈形式。

由于《伊玛堪》和萨满是原生态史诗体民间文学艺术，是赫哲族人世代因袭、口耳相传的文学作品，同时又因为赫哲族只有语言而没有文字，因此《伊玛堪》和萨满对研究赫哲族的发展历史以及弘扬赫哲族的文化，有着极其重要的作用。

会唱歌跳舞的局长

在乌苏里江沿岸的饶河地区，许多赫哲人会唱《伊玛堪》会跳萨满舞。而饶河民族宗教局的葛玉霞副局长便是其中的代表人物。

"托布吐啦——/托布吐呐——/那拜托尤勒哈—/得

克库啦，克库呐——/克尤哪哈—/得——

依割呀格——/依割呀格——/哄——！哈——！"

（飞翔的布谷鸟/布谷鸟快来吧/向神传个信吧/我们部落有灾难啦/神哪/神哪快/快来吧！）

这是今年9月我在饶河期间，葛玉霞专门在四排赫哲村里为我唱的一小段《伊玛堪》，随后她又合着节拍跳了一段萨满舞。虽然当时我听不懂也看不懂，但我却能从葛玉霞专注投入的神情中，感受到《伊玛堪》和萨满舞是赫哲民族永远的精神和信仰。

著名的说唱世家受到毛泽东接见

葛玉霞出生在赫哲族的一个说唱世家，父亲葛德胜、二叔葛长胜均是赫哲族著名的民间说唱艺人，他们为弘扬赫哲文化做出了巨大的贡献。1952年10月1日葛德胜以少数民族代表的身份到北京参加了国庆观礼，受到了毛泽东主席的接见并与周恩来总理碰杯饮酒，合影留念。

由于耳濡目染，葛玉霞从小就有表演《伊玛堪》和萨满的天赋，有一天还是小学生的她，第

乌苏里船歌"赫尼那"调

地　名 饶河
关键词 葛玉霞、《伊玛堪》、萨满

葛玉霞在赫哲人住的撮罗子前跳萨满

一次听到父亲在唱《伊玛堪》，虽然当时根本就听不懂，但小小年纪却还是被《伊玛堪》的动人曲调和抑扬顿挫的节奏感所吸引，竟跟着父亲的节奏起舞……

葛玉霞告诉我，从那次以后她总有一种冲动，长大了要当一个像父亲一样的说唱艺人。后来当葛玉霞在父亲的传授下学习了赫哲语并听懂了《伊玛堪》里歌唱的赫哲族英雄莫日根的传奇故事，她便立下誓言一定要将父亲的说唱艺术以及赫哲族的《伊玛堪》和萨满艺术传承下去。

葛玉霞有幸在父亲还健在时与父亲合作表演过一次。

那是在赫哲族的盛大节日"乌日贡"会演中，父亲葛德胜讲唱《伊玛堪》中的"请神调"，被整理成赫哲族萨满舞曲——"跳鹿神"(温吉尼)，葛玉霞担当领舞带着20多人，随着"跳鹿神"(温吉尼)的音乐旋律、歌词和节奏，尽情表达着赫哲族崇尚大自然的激情……最后父亲的说唱及女儿的舞蹈全都得了奖。

"父亲看到我们跳的赫哲族萨满舞——"跳鹿神"(温吉尼)得了奖很高兴，在那天晚上的篝火晚会上,父亲兴奋得像个孩子跟我们大家一起尽情地跳"跳鹿神"(温吉尼)……也就是在那天晚上，父亲很郑重地跟我说：'你该有一个赫哲族名字了，就叫"葛依克勒胡萨"吧。'那年我32岁……"

萨满舞文化传承人

18年前的那天晚上以后，赫哲人葛玉霞也就是葛依克勒胡萨，便渐渐地成了《伊玛堪》和萨满舞的领军人物，虽然她还不能像父亲一样说唱全本《伊玛堪》，但由于她努力刻苦的学习，《伊玛堪》的一些经典唱段她已耳熟能详表达自如，而萨满舞更是跳得充满激情如痴如醉。

作为饶河民宗局副局长的葛玉霞，虽然工

保留至今的赫哲人古老的图腾柱

乌苏里船歌"赫尼那"调

地　名 ● 饶河
关键词 ● 葛玉霞、《伊玛堪》、萨满

葛玉霞为我唱了段《伊玛堪》

作繁忙，但她对《伊玛堪》和萨满的热情没有丝毫减弱，她平时除了说唱《伊玛堪》和跳萨满舞外，她还利用下乡的机会去普及去传承《伊玛堪》和萨满舞的艺术。

如今葛玉霞最亲近的学生便是在厦门读大学的女儿，女儿作为赫哲族的代表参加了今年北京奥运会开幕式上民族大团结的歌舞表演。葛玉霞希望并相信女儿这代年轻人能将《伊玛堪》这种古老的说唱艺术以及赫哲族的萨满舞艺术继续传承下去。2008年黑龙江省政府授予葛玉霞"赫哲族萨满舞非物质文化遗产传承人"称号。

百科知识

伊玛堪

伊玛堪是赫哲族的曲艺说书形式，流行于黑龙江省的赫哲族聚居区。据现有资料，它至迟在清末民初就已经形成。伊玛堪或依玛坎，最早的含义为鱼即哈（鱼），现在的含义，有的认为是故事之意，有的认为是表示赫哲族这个捕鱼民族的歌。其形式有说有唱，类似汉族的"大鼓"、"苏滩"，蒙古的"说书"，是一种古老的民间说唱文学艺术。现有50多部典籍，被誉为北部亚洲原始语言艺术的活化石。

萨满教

萨满教巫师在祭祀、驱邪、祛病等活动中的舞蹈。萨满舞表现出原始宗教信奉万物有灵和图腾崇拜的内涵，舞蹈时，巫师服装饰以兽骨、兽牙，所执抓鼓既是法器又是伴奏乐器，有的头戴鹿角帽、熊头帽或饰以鹰翎。动作也大抵模拟野兽或雄鹰。至20世纪中期，在中国的蒙古、鄂伦春、满、赫哲、维吾尔等北方十几个民族中还有遗存。萨满舞在祷词、咒语、吟唱和鼓声中进行，充满神秘色彩。

呼玛河畔最后的鄂伦春

鄂伦春族是世居黑龙江省的少数民族之一,现在有8000多人,主要聚居在大、小兴安岭地区。鄂伦春族有自己的语言,没有文字,通用汉文。"鄂伦春"是民族的自称,有两种解释,一是"使用驯鹿的人",二是"山岭上的人"。黑龙江流域是鄂伦春族的发祥地。最早他们住在黑龙江以北、外兴安岭以南的广阔地带。17世纪中叶由于沙俄的入侵,南迁到大、小兴安岭一带。旧中国,鄂伦春人靠"一匹猎马,一杆枪"过着单一的游猎生活,实行共同劳动、平均分配制度,保持着浓厚的原始社会的痕迹,吃兽肉、穿兽皮、住撮罗(俗称"仙人柱",是用桦树皮搭的棚子,遮避风雨),居住条件十分简陋。有病,找萨满跳大神,相信万物有灵。人死后风葬,将尸体装入棺材里,头朝南放在距地两米高的树杈上;对得急病而死的青年或孕妇则实行火葬。狩猎是鄂伦春人传统的生产方式,长期的实践积累了丰富的经验。对各种野兽的习性和生活规律,他们摸得一清二楚,判断野兽踪迹的准确力令人惊叹不已。他们把狩猎季节分为"鹿胎期"、"鹿围期"和"打皮子期",统称各期为"红围期",以示吉祥。鄂伦春族是个能歌善舞的民族。打猎归来或逢节日,都要歌舞狂欢,舞姿往往模仿动物和飞禽,节奏明快,豪放粗犷。

孟淑芳的幸福岁月

位于黑龙江大兴安岭呼玛河畔的白银纳乡，是中国境内最著名的一个鄂伦春人的居住地，目前尚健在的被誉为"鄂伦春最后一个萨满"的关扣妮老人就住在白银纳。

由于白银纳乡的所在地呼玛县尚未通火车，所以大兴安岭民宗局的图科长和郭科员陪我从大兴安岭的首府加格达奇坐火车先抵达塔河县，然后再从塔河驱车前往呼玛县的白银纳乡。

在白银纳乡我采访的第一位鄂伦春人名叫孟淑芳，她12岁那年跟着父母下山定居并在呼玛小学念书。几十年后，这位当年赤着脚走进小学教室，第一次见到老师竟然哭鼻子的小姑娘，成了鄂伦春人中唯一的全国劳模。

山神会感激我们的

在白银纳乡，只要提起孟淑芳，几乎每个人都会跟你讲当年孟淑芳带着鄂族乡亲清林十年的故事。1983年当地政府为了让鄂伦春人早日摆脱贫困，制订了"以林为主，农林联营"的优惠政策。为了抓住这一难得的历史发展际遇，孟淑芳决定组建一支女子清林队上山清林伐木。

鄂伦春人是靠着山林生存的民族，老一辈的鄂伦春人觉得清林伐木那可是要凡大忌的。所以当孟淑芳决定带人上山时，白银纳乡的一些老人便天天堵在孟淑芳家的门口，极力劝说孟淑芳万万不能上山伐木清林，并要她赶快解散清林队，不然会得罪山神降临灾难的。但孟淑芳却不信这个邪，她耐心地对老人们说："千百年来我们以山为家，以树为伴，是大山养育了我们。今天我们上山清林是为了让林子长得更好更茂密，山神会感激我们的。再说如今山上的野生动物已越来越少了，我们清林就是为了让它们有一个好的生存环境……"

孟淑芳带领鄂族乡亲清林十年，不但呼玛河畔又显树木茂密郁郁葱葱的景致，白银纳乡鄂族人的生活也富裕了起来。鄂伦春最后一个萨满关扣妮老人拉着孟淑芳的手说："山神会感激你的。"

绣品

呼玛河畔最后的鄂伦春

地　名 ● 孟淑芳家
关键词 ● 邓小平接见、全国劳模

受到国家领导人接见

1984年孟淑芳被授予全国劳动模范光荣称号并到北京参加国庆观礼，她是迄今为止整个鄂伦春族中唯一的全国劳模。

12年后她又连续两次被评为全国"三八"红旗手。

走进孟淑芳的家，我一眼就看到墙上挂着的20多年前的那张国家领导人接见全国劳模的照片以及两张全国"三八"红旗手的大红证书和国家有关部门和省政府颁发给她的各种荣誉奖状。

孟淑芳见我端着相机便请我替她拍张照，她走到那张国家领导人接见劳模的照片跟前，指着照片上的她对我说："看，这就是我。"老人在讲述时我则不停地按动相机的快门，这么多年过去了，透过镜头我依然能见到老人回想当年的情景，满脸洋溢着幸福和喜悦……

孟淑芳喜欢向来访者介绍1984年她做为全国劳模受到国家领导人接见的美好时刻，她说这是她的最幸福的生活

一年能挣十万元的孟彩虹

鄂伦春人无论男女老少，都是制作桦皮制品的能工巧匠。他们人人都能用桦树皮和马尾以及狍、鹿、犴筋捻成的线缝制各种生活所需用品并在上面雕绘各种花纹图案。大的桦皮用品有桦树皮做的撮罗子（当年住的房子）、桦树皮做的桦皮船以及桦

孟彩虹向我展示珍贵的桦树皮

民间艺人孟彩虹

从孟淑芳家出来后便来到了孟彩虹家，用白银纳乡乡长的话说，孟彩虹也是白银纳的骄傲。这位专门制作桦树皮工艺品的民间艺人，用自己的手艺不仅让白银纳和鄂伦春名声在外，更是为白银纳的创收做出了贡献。她手工制作的桦树皮作品远销北京、广州和台湾，她每年要做几千件大小不一的工艺品，收入可达十多万元……

桦树皮文化

桦树皮是鄂伦春人独特的文化，当年在鄂伦春人生活的大、小兴安岭，桦树遍地成林。勤劳的鄂伦春人没有辜负大自然的馈赠，棵棵白桦树张张桦树皮，经过他们智慧的心灵和灵巧的双手就变成了他们赖以生存的生活用具，帮助他们克服千辛万苦。

孟彩虹在教她的后代制作民间工艺品

呼玛河畔最后的鄂伦春

地　名 ● 孟彩虹家
关键词 ● 接班人、行销海内外

孟彩虹的接班人女儿和小孙女

孟彩虹的接班人女儿和小孙女

所有作品都能用

走进孟彩云家，一眼望去简直就是个桦树皮制作工坊。柜子上墙角边以及床头案旁竟堆满了一卷卷桦树皮，屋子中间摆着一张方桌，这是孟彩云的工作台。桌上摆放着孟彩云制作完成的作品，有桦皮手提袋、桦皮梳妆盒以及桦皮挂件和首饰等。

我发现孟彩云制作的作品跟别的艺人有点不同，它不仅仅只是装饰品，许多东西都是可以实用的。孟彩云说，这是因为她小时候家里的生活用具大都是桦树皮做的，她亲身用过，所以如今她制作的工艺品既追求艺术性更讲究实用性。因此孟彩云做的任何一样东西都是可以实用的，她说只有这样鄂伦春人的文化传承才有可能实现。

孟彩虹做的桦树工艺品已行销海内外

树皮做的衣服等，中小型的则是一般的生活用品，比如水桶、篓子、盆碗以及烟盒等……

随着1953年鄂伦春人下山定居，生活慢慢地向现代化过渡，桦树皮在鄂伦春人生活中的作用渐渐地削弱了，即使一些老人还在用也仅仅是拥有一份纪念意义而已。于是有人便想起要将这种鄂伦春人曾经赖以生存的桦树皮文化以及曾经的鄂伦春人的生活用艺术形式将其传承保留下来，从小跟着父母亲在大山里耳濡目染的孟彩云就是其中的一位。

鄂伦春画家关桃芳

在白银纳访问鄂伦春人，不时会让我有很多新的发现。如果说孟彩云的桦皮工艺已经让我叹为观止，那么白银纳乡政府的文化干事关桃芳靠着自学成为鄂伦春族的一位著名画家，更是让我惊叹。

关桃芳从小就喜欢绘画，她靠着坚强的意

鄂伦春画家关桃芳

关桃芳在创作中

志和刻苦的精神，自学绘画技艺，不仅掌握了油画、水彩画等绘画技艺，并将鄂伦春族的民族风格融入其中，形成了自己独特的绘画风格。30多年来她创作了大量反映鄂伦春族民俗风情的作品，为抢救继承民族文化的遗产做出了贡献。

猎人女儿画猎人

关桃芳这位鄂伦春猎人的女儿，凭着自己的聪明和努力读完了大学拿到了学历，但她并没有留在城市而是主动要求重回白银纳乡工作。她有一个梦想要实现，那就是要用画笔反映鄂伦春族的原始游猎生活。

关桃芳的家就是一个画室，一张大桌子上堆满了颜料和画布。墙边上则放着几十个框着画作的镜框，我仔细翻看全是反映鄂伦春猎人生活的画作。关桃芳说这批画反映的都是早年鄂伦春猎人的生存状态，是一段早已逝去的岁月。为了画这些作品，关桃芳用了好几年

呼玛河畔最后的鄂伦春

地　名 ● 关桃芳家
关键词 ● 鄂伦春画家、北京画展

2010年5月关桃芳的画在北京展出，这是展出前三个月时她在为画展作画

时间去拜访鄂伦春老猎人，用素描把老猎人讲的故事描绘下来，回家以后再创作。许多老猎人看到关桃芳的画都赞不绝口地说好。

关桃芳告诉我，这批装了镜框的画是省民委向她定制的，2010年5月要拿到北京展出。

获奖无数电视台来采访

这些年来，关桃芳不仅用她的画笔讴歌鄂伦春民族的风土人情和精神，同时她的作品以及她本人也不断地获得各种荣誉并逐渐被人熟知。比如2000年5月，在塔河十八站举办的迎春书画展中，关桃芳一下子送了30余幅作品参赛，分别获得了一、二、三等奖及创作奖、优秀奖。为此2001年光荣地被省里授予"省三八红旗手"荣誉称号。

她的作品《猎人》组画在2007年"呼玛之夏"艺术节上获得民族画法二等奖，为此黑龙江电视台著名栏目"走进千万家"专门来到白银纳采访拍摄关桃芳并为她录制了一期《鄂伦春女画家关桃芳》的人物专栏节目。

"最后的山神"郭宝林

鄂伦春的神枪手

郭宝林因为十多年前的一部记录鄂伦春人生活和家园的纪录片《最后的山神》而闻名。在那部最终获得亚广联大奖的片子中,郭宝林展示了一个鄂伦春猎人精准的枪法以及骑马挎枪驰骋大山的苍茫人生,被誉为"最后的山神"。

郭宝林今年65岁,爷爷和父亲都是鄂伦春的神枪手。在整个大兴安岭地区,只要提起郭宝林的父亲和爷爷,几乎每个人都会告诉你当年他们在深山老林里打猎的传说,有时这些传说会各有不同,但最后那几句总结话却是一样的:"不管白天打猎,还是晚上打猎,他们都是

郭宝林昔日风采

郭宝林昔日风采

郭宝林和妻子戈晓华在大山里行走

呼玛河畔除了白银纳是鄂乡外,还有一个叫十八站的乡也是鄂伦春人的集居地。刚到十八站,塔河县的民宗局长多美珍便告诉我说,你来拍鄂伦春人算是赶巧了,因为十八站乃至整个大兴安岭最著名最有威信的鄂伦春猎人郭宝林下午就要进山去祭拜山神,他每年都要进山拜一次,现在敬山神的人很少了,拍到一次非常不容易。

呼玛河畔最后的鄂伦春

地　名 ● 十八站、呼玛河边
关键词 ● 郭宝林、山神

2010年3月6日下午,郭宝林和妻子戈晓华在拜山神,感谢大山带给了鄂伦春人的生活

枪枪毙命……"也许是拥有神枪手的基因,郭宝林16岁时已经是远近闻名的神枪手了。

在十八站吃了午饭,多美珍便陪我来到了郭宝林的家。走进屋子便看到墙上挂满了郭宝林持枪跨马百步穿杨的照片。郭宝林指着身旁的一位妇女跟我介绍:"这是我妻子戈晓华,也是鄂伦春人,是女猎手。"他告诉我说这些打猎和做桦皮船的照片全是妻子与他一同打猎时拍摄的。

1953年鄂伦春人下山定居前,一直是以游猎为生的。他们一般是早上四五点钟,赶在犴也就是驼鹿吃"早餐"前,到河边草丛"蹲坑",等犴来河边喝水时,咣咣几枪放倒一个犴就走,鄂伦春人管这叫"蹲犴"。打犴是有规矩的,母犴不打,小犴不打,繁殖期啥都不能打。这样就能使犴休养生息,使祖祖辈辈的鄂伦春人都有犴打。郭宝林告诉我,每年的5—10月,他都要扛着桦树皮船顺流而下去打犴。有时还在晚上打,一般是晚上10点至清晨1点多到小河边"蹲犴"。抽烟时得用双手捂住烟头的亮光,因为看到火光,犴就不来喝水了。

早些年子弹少,但郭宝林是神枪手,7发子弹就能养全家。他打犴打出了诀窍,犴如果横对着他,能打着他也不打。竖对着他,他才打。因为横对着他的犴,就算打中,铅弹也会穿过犴的身体,消失到大山中。所以打猎时只有见犴竖对着他时才开枪。这样,打中的铅弹还会留在犴的体内,取出来化成铅水倒进模具,又是一发铅弹。一发子弹在郭宝林手里可以反复用,这就是神枪手的过人之处。

制作桦皮船

郭宝林的另一个绝活是做桦皮船,这也是鄂伦春人当年生活的一部分。

郭宝林是如今鄂伦春人中为数不多的会做桦皮船的人。我问郭宝林做桦皮船难吗?他说做桦皮船对他来说其实不难,关键是在用料时要掌握火候。比如说做桦皮船必须要找几棵直径50厘米的桦树,然后将桦树皮扒下。还要将木料浸湿并砍成木片,弯成U字形后用它来当船骨架,然后再将桦树皮包住船骨架,这就是桦皮船。做桦皮船最好2个小时以内完成,不然的话时间太长浸湿的木片干了,就弯不成U字形了。另外桦树皮间的接口要用松树油脂或沥青密封。桦皮船两头尖尖,滑起来非常快。

在他家的院子里,我看到有好几卷桦树皮。郭宝林说这都是前些年弄的,如今已很少见这么大的桦树了。他说这些桦树皮他今年要带到上海去,上海世博会已邀请他届时到上海代表鄂伦春人,表演制作桦皮船的绝技。2007年,郭宝林在北京人民大会堂被授予"国家非物质文化遗产杰出传承人"称号并获颁证书。

神秘的敬山神

下午两点多郭宝林和妻子戈晓华带上一只烧鸡和一瓶白酒去呼玛河边的大山敬山神,这是他们每年早春时节都要做的一件事。郭宝林说自1953年下山定居至今,他们家从没有间断过拜山神。早先是爷爷父亲和他一起进山祭拜,后来他跟父亲一起祭拜,差不多20年前他和妻子戈晓华成了祭拜的主角。

早春的呼玛河上雪冻冰封一片洁白,河边的大山上长满了一片桦树林……郭宝林和戈晓华脚踏着冰雪缓缓前行,身后跟着几位鄂伦春妇女。多美珍说每年敬山神,村里都会有鄂伦春乡亲跟着郭宝林一起祭拜,这已是十八站的一个传统了。

在郭宝林家,郭宝林拿出桦皮做的船模告诉我说,半年后他会做一艘3米长的桦树皮船,代表鄂伦春人献艺上海世博会

郭宝林的妻子也是位著名的鄂伦春猎手

呼玛河畔最后的鄂伦春

地　名：十八站、呼玛河边
关键词：郭宝林、山神

呼玛河边的大山上长满了一片桦树林

我跟着郭宝林夫妇和几位鄂伦春人往山上攀行，在一棵扎着彩带的大树前他们停了下来，原来这就是郭宝林拜山神的地方。郭宝林和戈晓华跪在半山腰上，将食物一块块塞进树木的缝道里，然后把酒洒在树前。两人面对苍山大树念念有词祈祷山神给鄂伦春人带来幸福安康，愿好运永远伴随这个勇敢的大山的民族，山神的子民。随后两人双手合十跪拜磕头，站立在后面的几位鄂伦春人跟着磕头跪拜。

我不停地按着相机的快门，记录着这一令人感动的瞬间。当郭宝林和戈晓华祭拜结束走下山时，我突然发现他们穿越森林脚踏冰雪一步步走下山时的样子，就是我多少年前想象中的典型的鄂伦春猎人的形象，虽然猎枪已不在手上，但腰间的佩刀，一身犴皮服以及那顶熊皮帽依旧凸现着鄂伦春人的勇敢智慧的性格和风骨。

百科知识

鄂伦春

鄂伦春这一名称于清初始见文献记载。《清太祖实录》卷五十一在一份奏报中首次提到"俄尔吞"；康熙二十二年(1683)九月上谕中称之为"鄂伦春"。此后才比较统一地以鄂伦春这一名称来称呼他们。鄂伦春一词有两种含义，一为使用驯鹿的人，一为山岭上的人。

鄂伦春族人口现大约为8196人。主要分布在内蒙古自治区呼伦贝尔盟鄂伦春自治旗、布特哈旗、莫力达瓦达斡尔族自治旗，以及黑龙江省呼玛、爱辉、逊克、嘉荫等县。使用鄂伦春语，主要从事狩猎和农业。有自己的语言，没有本民族文字，一般通用汉文，也有部分鄂伦春族用蒙古文。

走在那高高的大兴安岭上

美丽、富饶、古朴、自然,无任何污染的黑龙江大兴安岭林区,位于祖国的最北边陲,她东连绵延千里的小兴安岭,西依呼伦贝尔大草原,南达肥沃、富庶的松嫩平原,北与俄罗斯联邦隔江相望,境内重峦叠嶂,林莽苍苍,雄浑八万里的疆域,一片粗犷,被誉为我国"金鸡冠上的绿色宝石"。

大兴安岭地区是全国最大的天然林区,资源丰富、历史悠久、景观奇秀、民风淳朴。自1964年开发建设以来,累计为国家提供商品材1.26亿立方米,为国家经济建设做出了重大贡献。大兴安岭是中国最北、纬度最高的边境地区,属寒温带大陆性季风气候,全年无霜期80–110天,年平均气温–2.6℃,极端最低气温达到–52.3℃,素有"高寒禁区"之称。

加格达奇的早晨

早晨7点半我抵达了加格达奇。

我是12个小时前,也就是前一天晚上从哈尔滨坐火车连夜赶来的。一下火车出站走到加格达奇的大街上,我就感觉仿佛来到了另一个世界。仰头望天那是蓝得不可思议如同颜色涂抹过一般的苍穹,放眼周围则是洁白的积雪和苍翠的层林,街边那一排排建筑此刻都在霞光里,还有行人车流以及一排排冒着炊烟的民居,北国的早春三月真是连空气里都写满了诗意。

前来车站接我的是大兴安岭行署民宗局的图科长和郭科长。

加格达奇的两个称号

加格达奇位于大兴安岭山脉的东南坡,伊勒呼里山南的甘河河畔。这里原来是一片原始森林,在清朝以及抗日战争期间,这里的资源屡遭掠夺。尤其是日本人占领东北三省后,为了"清剿"活跃在大兴安岭里的抗联武装并防备隔江而驻的苏联红军,日本关东军司令部曾经将所属特高课总部(日本特务机关)设于此地。而为了彻底击败日本关东军,苏联远东情报局和东北抗联也

加格达奇的清晨

走在那高高的大兴安岭上

地　名：加格达奇、北山
关键词：铁道兵

在加格达奇建立了情报网。

加格达奇最早的时候有两个称号，一个名叫"大高崖子"。抗日战争期间，日本人强迫当地的中国人在甘河两岸伐木并顺着甘河水流送木排。因为这里地势较高且依山傍水，伐木工人称这叫大高崖子，又因为大高崖子河弯流缓，因此伐木工人往往都在这里停排休息并吃住在大高崖子，随后再顺流而下将木排流送至嫩江……于是加格达奇这个地方便被叫做大高崖子。

加格达奇的另一个称号叫"樟达奇"，这是鄂伦春语，意为"有樟子松的地方"。加格达奇西北角的山上有一片樟子松林，松林里出没着很多狍子和犴，因此鄂伦春人便经常来此打猎。据鄂伦春老人回忆，当年他们结伴打猎时领头的只要一说樟达奇，他们便直奔加格达奇而来。另外樟子松主要生长在大兴安岭北坡，唯有加格达奇这个地方比较神奇，它虽位于大兴安岭东南坡，却生长着一大片樟子松林……到了1964年开发这片土地时，人们便根据"樟达奇"这句话的谐音将这片"有樟子松的地方"称为加格达奇。

地理知识百科

大兴安岭

大兴安岭位于黑龙江省、内蒙古自治区北部，是内蒙古高原与松辽平原的分水岭。北起黑龙江畔，南至西拉木伦河上游谷地，东北-西南走向，全长1200多公里，宽200-300公里，海拔1100-1400米，主峰索岳尔济山。大兴安岭原始森林茂密，是我国重要的林业基地之一。主要树木有兴安落叶松、樟子松、红皮云杉、白桦、蒙古栎、山杨等。

加格达奇政府所在地

大兴安岭的明珠加格达奇

加格达奇城市主干道

铁道兵留下的足迹

40多年前加格达奇还是原始森林,1964年铁道兵奉命会战大兴安岭,这片原始荒蛮的土地开始了它嗷嗷待哺的岁月……英勇的铁道兵们在这块神奇的土地上奋斗了20多个春秋,他们修筑铁路800多公里,架设桥梁6000多米,建造房屋30多万平方米,300多名战士长眠于此,铁道兵用血用汗用泪用青春和生命建起了加格达奇这座森林里的城市。

在加格达奇有一个保持着原始状态的北山森林公园。夏天这里林木葱郁,野花簇拥,山林中特有的清凉空气沁人肺腑,冬天则更有一番情趣,大雪纷飞银装素裹,洁白得就如童话……不过真正让北山公园闻名的是山顶上高耸的铁道兵开发大兴安岭纪念碑。

沿着公园的盘山路前行至山顶,便能看到雄伟的纪念碑了。纪念碑由两根镶嵌着铁道兵兵徽的铁轨和一块刻着碑文的大理石组成。纪念碑是大兴

走在那高高的大兴安岭上

地　名：加格达奇、北山
关键词：铁道兵

○一八　加格达奇

093

耸立于北山顶上的铁道兵开发大兴安岭纪念碑

加格达奇的风景地北山公园一角

安岭开发建设历史的标志,更是英勇的铁道兵在大兴安岭的高寒地区用生命所创立的不朽丰碑。

　　大理石上刻着这样的碑文:"1964年遵照党中央、国务院和中央军委的指示,中国人民解放军铁道兵三、六、九师8万官兵进军会战大兴安岭,至1983年,共修建铁道792公里,桥梁124座,隧道14座。为铭记他们的丰功伟绩,缅怀英勇献身的烈士,特立此碑。"

地理知识百科

加格达奇

　　加格达奇位于内蒙古自治区东北部的呼伦贝尔市境内,是黑龙江省大兴安岭地区行政公署所在地。位于黑龙江省西北部,大兴安岭山脉的东南坡,西南大部与内蒙古自治区呼伦贝尔市鄂伦春旗接壤,东北部与松岭区(松岭林业局)接壤。全区面积约1587平方千米,分设红旗、卫东、曙光、光明、东山、长虹等6个街道办事处和加北、白桦两个乡。区人民政府驻地加格达奇。人口约16万,朝鲜、蒙古等少数民族人口约占4%。加格达奇,鄂伦春语意为有樟子松的地方。

难忘的白银纳之夜

行驶在动人的画中

白银纳位于美丽的呼玛河畔,而呼玛河是大兴安岭的母亲河,这条美丽幽静、清碧见底、水量丰沛的河流,就犹如一条玉带蜿蜒缠绕群山、密林、峡谷之间,日夜不停地自南向北奔流。

所以我们的车就仿佛是行驶在一幅动人的画中。下午3点,正是早春的北国最美丽绚烂的时分,阳光斜斜地映照着洁白的积雪以及积雪覆盖着的山峦、森林和流水……

大兴安岭深处的鄂伦春人的居集地白银纳乡

白银纳乡政府

3月4日下午我们从塔河下了火车,呼玛县白银纳乡的孙乡长已派车在等候我们了。我们在车站边的一个小餐馆简单用了午餐,便驱车赶往中国著名的鄂伦春族乡白银纳。

白银纳是鄂伦春语,意为"富裕",白银纳是1953年国家为安置世代在深山老林里游猎的鄂伦春族建立起来的鄂伦春族聚居区。

当我在如此美丽的景色中穿行之际,我绝没想到很多天以后当我回忆起我的白银纳之行时,留在我记忆深处的竟然不是这些如画一般的美景,而是那个终身难忘的夜晚……

缺水缺电的白银纳

白银纳的孩子们

白银纳虽然美丽如画,但生活条件还是比较艰苦。比如此地至今还是用的井水,乡政府每天要派人去很远的地方将水挑来存在缸里。因为用水不便所以乡政府大楼里的卫生间全都因被封条封住而形同虚设,政府里的人要方便一律去外

面露天的公共厕所。

或许是因为当晚乡长宴请我们,大家一喝酒就把该关照的事给忘了,所以当我们被安排在乡政府的一间值班室入住后,并不知道在这栋楼里是没有卫生间的,更不知道到了晚上12点不仅暖气断了连电也没有了,于是足以让我记忆一辈子的事便在这样一个北国之夜发生了。

当晚回到房间因为喝了酒倒头便睡,睡到半夜被尿憋醒,睁开眼满屋子漆黑一片,下意识地用手在床头一阵乱摸,然而怎么摸也没摸到电灯开关,这时才想起刚才半醉半醒进屋时好像床头是没灯的,整个房间只有墙角上有个日光灯。于是赶紧爬起来摸黑到门口去找灯开关,因为凭经验开关一般都是装在门口的。但是我怎么摸怎么找也没有找到开关,我甚至顺着墙跟在房间里摸了一圈都没找到开关。这一圈转下来我终于清醒了,这才想起原来这间值班室里是不带卫生间的,除了两张桌和沙发就是两张床。

难忘今夜冰天雪地

于是便开门去楼道的卫生间,因为午夜断电,楼道里又冷又黑,我顺着墙一路摸过去所有的门都紧锁着,从我住的二楼摸到三楼再从三楼摸到一楼,衣着单薄的我已冻得浑身发抖。突然见一人从外面进来,啊,原来是陆兄。

寂静的鄂伦人的村落

走在那高高的大兴安岭上

地　名　白银纳
关键词　鄂伦春人

他一见我便说楼里没卫生间的,只有到外面雪地里方便。这时我已顾不得再到房间拿衣服穿了,光着身子冲到零下37度的雪地里,在皎洁的月光下舒坦着,舒坦着。就在这一刹那间,我忘记了寒冷忘记了因上下寻找厕所而生出的烦恼甚至忘记了此时此刻我身处何处。天上的月光和地上的积雪把整个夜晚变成了白天,我清清楚楚地看见不远处的山峦上,那一排排如哨兵一样挺立着的白桦树,我看见村口的大树下有只守夜的小狗,正瞪着绿色的眼睛在看着我,我甚至还看见遥远的天边已经开始泛红,尽管此刻月光依旧皎洁,我还看见赶早远行的猎人正在套着牲口,洁白的雪地里冒着蓝色的烟……

这就是白银纳之夜啊,一个寂静的夜晚,一个月光还明晃晃地照着大地朝霞已经慢慢染红天崖的夜晚,一个外乡人半夜三更方便时的夜晚……

地理知识百科

白银纳

　　白银纳鄂伦春族乡隶属呼玛县管辖。位于县境北部,西与塔河县毗邻。乡政府驻地距县城117公里。
　　乡名来源于驻地白银纳村名。"白银纳",鄂伦春语,意为"富裕"。白银纳村是1953年国家为安置世代在深山老林里游猎的鄂伦春族建立起来的鄂伦春族聚居区。原属十八站公社,1969年划归鸥浦公社管辖。1984年初,将鸥浦公社改为鸥浦乡。同年8月,将鸥浦乡西南部的白银纳、红光、玻璃沟等7个村划出,设置白银纳鄂伦春族乡。鄂伦春族人口约占全乡总人口的21%。
　　白银纳乡辖境地处呼玛河流域,河网密布。全乡总面积527平方公里,村屯主要分布在呼玛河两岸。以林业为主,兼事狩猎。有耕地1.9万亩,主要种植小麦。全乡共辖红光、白银纳、新河、新村、新山、新胜、玻璃沟、更新等8个村。1992年末全乡总人口1715人。乡政府驻地白银纳村。

驻守在白银纳吴八老岛的边防军战士

十八站那个阳光明媚的午后

如果说白银纳之夜让我铭记，那么几天后我在十八站的那个午后同样是让我难以忘怀的时刻，我称之为十八站那个阳光明媚的午后。

一个古驿站

十八站也是一个著名的鄂伦春人聚居的乡，就挨着白银纳。只是两个乡分属于不同的县管辖，白银纳属呼玛县，而十八站则归塔河县。

十八站当年古驿路遗址

康熙二十四年（1685年），清朝政府围剿盘踞在我国领土上的雅克萨的俄军，曾为奏报军机专设了一条从墨尔根（嫩江）至雅克萨（漠河附近）的驿路，中间共设30个驿站，十八站就是其中的一个。随着雅克萨战争的结束，清军撤走，驿站随之荒废。到光绪二十年（1894年），

道路前方的红房子就是十八站，它与白银纳一样，也是著名的鄂伦春乡

清政府为开发漠河至呼玛一带的金矿重开此路，十八站遂又成这条"黄金古道"上的一个驿站。随着聚集的人口越来越多，十八站就成为一个固定的地名永远地留存了下来。

入住洗浴中心

那天下午，塔河县民宗局长多美珍、十八站乡乡长孟彩荣和乡党委书记马占中热情地在乡政府为我们接风。随后孟乡长叫来司机送我们去招待所，走到门口才发现这家招待所原来是一个名叫"清荷湾"的洗浴中心。我和陆兄会心一笑说，孟乡长大概知道我们三天没洗澡了，这么巧愣是安排了个洗浴中心。

洗浴中心面积不大，但窗明几净整洁舒适，充满了家的感觉。底屋洗浴，二楼是休息区，有包房也有大厅，而三楼和四楼则是客房。

孟乡长给我们订的是一间带客厅的标房，我跟陆兄一走进房间便沐浴在阳光里。原来午后明媚的阳光正透过窗户洒在我们小小的屋子里，暖洋洋的。

安顿下来做的第一件事便是赶紧下去泡个澡，当我们将整个身子浸泡在大兴安岭十八站的这个小小的澡堂子的温暖的水中时，我们的心中激荡起了从未有过的幸福感。

泡澡看"契诃夫"

我怎么也不会想到，在北国大兴安岭深处的这个古驿站，在这样一个乍暖还寒的早春三月的午后，在"清荷湾"这个洗浴中心小小的澡堂子里，浸泡在热水中正在享受人生快意的我除了感受到幸福之外，竟然还在想着一个有着哲学味道的问题，如果没有白银纳三天的缺水缺电，如果没有白银纳在零下37度的寒夜里滴水成冰，眼下这个简易的澡堂以及澡堂子里并不太热的一池春水会让我如此兴奋如此幸福吗？

不大的池子里来来往往的有十几个人，我相信除了我们俩没人会记住这个午后的澡堂子……舒舒服服地洗完澡，我和陆兄不约而同地决定先不回房间而去休息区躺一会儿，这在平时我们绝对不以为然的动作，此刻竟显得那么的珍贵。我取来了普洱茶和这次旅行带出来的一本书，一本如今很少会再有人看的书：俄国作家契诃夫的《契诃夫小说选》。

于是这个阳光明媚的午后便有了太多让我记忆的细节，除了浸泡在水中的那份快意，我跟陆兄躺在"清荷湾"洗浴中心舒适的休息区沙发上，洒着太阳喝着普洱茶，陆兄在他的电子书上看《明朝的那些事》，而我则在看我的契诃夫……

地理知识百科

十八站

位于我国黑龙江省大兴安岭地区塔河县东50公里处的"十八站"，现为塔河县的一个行政镇和大兴安岭十八站林业局所在地。"十八站"的地名起源于清代，它是光绪年间由墨尔根（嫩江）修至漠河胭脂沟金矿驿站中的第十八个驿站。

十八站现在是黑龙江209省道（黑河-漠河）的必经之路，呼玛河和依沙溪河在此交汇，该地有新石器时代古人类遗址，也是鄂伦春族人的传统聚居地，近年来，其茂密的森林和充盈的负氧离子开始吸引旅游者的注意，每年5月-9月，该地是良好的旅游目的地。

行走中国 /白山黑水——诗意黑龙江

农民刘胜利的俄国情结

长着一张俄罗斯人脸的欧浦乡俄族农民刘胜利

"兄弟姐妹"隔江相望

紧挨着白银纳乡的是一个叫欧浦的乡,两个乡虽然挨在一起,但乡里住的人却完全是两个不同的民族。白银纳是鄂伦春人聚集的地方,而欧浦乡住的则全是俄罗斯族人。

欧浦乡不仅是整个大兴安岭地区俄罗斯族人聚集最多的一个乡,还是离俄罗斯最近的一个地方。冬天踏着呼玛河上的冰层走到隔河相望的俄罗斯远东小镇只需十分钟的时间,站在河边能清楚地看见对岸俄罗斯人在劈柴,听见俄罗斯人在唱歌……同样有趣的是,对岸村庄里的俄罗斯人如果站在山冈上或者河岸边,朝着欧浦乡望过

俄族人聚集地欧浦村一角

走在那高高的大兴安岭上

地　名 ● 欧浦村
关键词 ● 刘胜利、俄族村

刘胜利的母亲正在向我讲述当年流亡中国的故事

来，一样是满眼的"兄弟姐妹"。

三代俄罗斯人

俄国十月革命一声炮响，在为中国送来马克思列宁主义的同时，还送来了成千上万的俄国贵族以及他们的家庭。这些为逃离布尔什维克追捕和屠杀的俄国人，十月革命后纷纷背井离乡从欧洲逃到俄国的远东城市海参崴，再从海参崴逃到中国的黑龙江……从俄罗斯逃过来的那代人被中国人称为"第一代俄族人"，后来他们在中国领土上生下了被称为"第二代"的儿女，而这些出生在中国的"第二代"又生育了"第三代"。如今生活在中国领土上的俄罗斯族人主要是在中国出生的第三代俄罗斯人，至于"第二代"也还有一些但已不多见了，在欧浦乡居集最多俄罗斯族人的怀柔村里，我曾打听过如今是否还有健在的当年从俄国跑过来的正宗俄国人。怀柔村村长说，生活在中国领土上的最后的俄国人格里高里已于2009年冬天在怀柔村故世，享年97岁。1918年秋天，6岁的格里高里随着父母逃难来到大兴安岭呼玛河畔的欧浦乡怀柔村安家落户，他至死都没离开过村庄。

俄国贵族的后代

在怀柔村里我遇见了一位叫刘胜利的俄族农民，刘胜利长了一张标准的俄罗斯人的脸，但一句俄语也不会说，也没去过对岸那个国家。我们问他是喜欢喝土烧（东北农家自己酿

刘胜利翻出老照片给我看

俄国情结

101

冬天的欧浦乡景色，刘胜利说他最喜欢这个地方，因为此处与俄罗斯老照片里的一个地方很像

刘胜利爷爷和奶奶的照片给我看，从装束及背景可以料定这是一户有身份的人家，也就是俄罗斯贵族之家。而十月革命后逃亡远东的基本上都是这样的家族。所以当我为刘胜利和他的母亲拍照时，这对母子脸上自然而然露出的是抑郁和悲情，这种逃亡早已是近百年前的事了，但那种苦难却一直在延续……

刘胜利的幸福生活

我们的出现，让刘胜利们原本平静的心绪又起了涟漪，他指着前方不到百米的那片山脉说："当年我爷爷就是从那边过来的……"

其实刘胜利们早已是真正的中国东北的农民了。刘胜利白天耕地，晚上看赵本山的节目，或用手机和已嫁到城里的女儿唠唠嗑。这里还没固定电话，无线通讯接收器靠太阳能，如连着下几场雪，手机就没信号了。到县城的路还没修好，没有公共交通，叫个出租来回得好几百元，这对平均家庭年收入不足8000元的农家来说是很大的奢侈。尽管生存环境如此糟糕，我们还是从刘胜利身上发现一些不一样的

的烈酒）还是伏特加？他竟然反问我们啥是伏特加？

这次，刘胜利看到由行署干部带队的一行人下来，似乎又唤起了他幼年时期的那段黑色记忆，神色有些紧张地拿出一张解放初中央政府的表扬状给我们看。那张裱在镜框里的发黄的纸头，是1950年当地政府发给他们家的一封表扬信，代表政府表扬刘胜利的父亲在抗战期间曾协助转移那些遭到日本人追击的抗联军人到苏联去的行为。

刘胜利那位曾经帮助过抗联战士的父亲已经去世，而他的母亲依旧活着。老人拿出几张

刘胜利的妻子和表妹

走在那高高的大兴安岭上

地　名 ● 欧浦村
关键词 ● 刘胜利、俄族村

俄国情结

103

欧浦乡对岸的俄罗斯山脉，刘胜利说当年他们家族就是翻越这座山流亡到欧浦乡的地方。

刘胜利要比他的许多汉族乡亲们活得更有尊严。他家的卧室要比别人多一间，屋里干干净净，东西放得井井有条，还养着几盆花草，这在当地农户中是很少见的。他还拥有一台价值4万元的拖拉机，这在当地就像上海人谁有一辆法拉利一样令人羡慕。刘胜利衣着整洁，皮鞋锃亮，与周边的环境极不协调，性格有点深沉，不像当地热情好客的农民那么爱说话。村长请我们吃饭，让他来作陪，他拒绝了，他说自己酒量不行，不爱凑这个热闹。

这是如今刘胜利在欧浦乡的房子，他已在这里住了40年

 百科知识

俄罗斯族

俄罗斯族是从18世纪后逐渐从沙皇俄国南迁到中国新疆等地的少数民族。在封建军阀盛世才统治新疆时期，被称为"归化族"。中华人民共和国成立后，改称俄罗斯族。主要散居在新疆的伊犁、塔城、阿勒泰、乌鲁木齐等地，内蒙古、黑龙江等地有少量分布。

中国俄罗斯族的风俗习惯与俄罗斯人基本相同，多信东正教，使用俄罗斯语和俄文，也用汉、维、哈文。俄罗斯族除从事农、牧业，经营园艺，饲养家畜及养蜂等外，还从事各种修理业、运输业和手工业。他们在生产技术及经济文化、生活各方面都有较高的水平。

洛古河的故事和传说

寂静的洛古河村

遥远的洛古河村之所以一直是我向往去的地方,是缘于很多年前法国导演雅克·佩兰的一部纪录片。这部电影描绘记录了世界著名的大江大河源头的风光和故事,其中我便看到了洛古河村……在雅克·佩兰的镜头里,洛古河以及河边的小村落是如此的原始自然和美丽,洛古河两岸的风光和村里的人们都纯洁清新得如童话一样。可以说黑龙江或大兴安岭让我最先记住并为之向往的并不是北极村而是洛古河村。所以我抵达漠河后,漠河民宗局局长老孟问我,在漠河这几天想去什么地方转转时,我脱口而出的便是洛古河村。记得老孟当时一笑说:"哈,那就是江边几十来号人的一个小村子,咱明天就去吧。"

于是抵达漠河的第二天我们便去了洛古河村。虽然洛古河村小得连省的地图上都只标一个点而已,但就这一个点却有太多的故事和传说可讲。

黑龙江的源头

洛古河被誉为黑龙江的源头,最早是由源于蒙古肯特山的石勒喀河和源于中国大兴安岭西坡的额尔古纳河在洛古河村汇流,于是便形成了黑龙江的源头洛古河。河段长200多公里,沿河两岸风光宁静秀丽,而洛古河村便坐落在河边,是黑龙江源头第一村。洛古河村的西面是内蒙古,北面跨过黑龙江就是俄罗斯。到了每年冬季,河面结冰后,对岸的俄罗斯的木头就通过冰面运过来。河边一个小小的绿色罐头房就是俄罗斯的边境检查站了,而中国边防哨所也位于洛古

洛古河古老的民居

洛古河朴素的民居

走在那高高的大兴安岭上

地　名 ◉ 洛古河村
关键词 ◉ 马照银、午餐

结着浮冰的黑龙江源头洛古河

洛古河村景

河村北边的河岸旁。

在去洛古河村的路上,老孟跟我有了一段简短的对话更让我觉得洛古河之行的意义。老孟问我应该知道黑龙江之所以叫黑龙江的传说吧?我说知道啊,就是那条为民除害的黑龙在江上大胜残害生灵的白龙后,从此这条江就叫黑龙江了。老孟又问那你知道在这么长的一条江上,黑龙是在什么地方打败白龙的吗?我说那可不知道,老孟告诉我就在我们今天要去的洛古河村。

后来在洛古村老孟的说法得到了证实,村长马照银告诉我,他们的先人曾参加了黑龙大战白龙的战斗,在黑龙与白龙激战时,江水变白,先人们就往江里投掷石头……而当江水泛黑时,先人们就往里面投馒头和小本鸡儿,好让黑龙吃饱。

马照银在跟我们历数这些典故和传说时,言语和表情依旧充满了自豪感……从漠河县城至洛古河村大约有一百多公里的路,因为早春三月冰雪还没融化,车速也就不能开得太快,所以

洛古河村民

走在那高高的大兴安岭上

地　名 ● 洛古河村
关键词 ● 马照银、午餐

百十公里的路我们开了差不多三个多小时,一早出门抵达洛古河边已是晌午时分了。

质朴的洛古河人家

我们下了车,满眼全是白茫茫一片。洛古河更是千里冰封,有趣的是河上结的融冰一眼望去全是呈波纹起伏状,充满了动感。后来知道这洛古河因是有几条河流汇聚而成,因此水流特别湍急而且长年波涛汹涌,因此到了冬天河上封冻时融冰和积雪便成了波浪状。行署的图科长和郭红还有陆兄纷纷走到河中间让我替他们拍照,在他们背后也就是河的对岸便是俄罗斯远东小村庄波克罗夫村,一个和洛古河村差不多的村庄。

站在洛古河的深深的积雪融冰上,我感受到的是从来未曾体验过的寂静和安逸。这里没有了江海河流的湍急声,这里没有了喜怒哀乐的人的喧嚣声,这里只有千百年不曾失落过

东北特色的丰盛午餐

我们在洛古河村村长马照银家用午餐,陪同我们的是加格达奇民宗局图科长(图中)和漠河民委主任老孟(图右)

村长太太热情好客亲自下厨

在马村长家等候午餐

洛古河村村长马照银

行走中国　/白山黑水——诗意黑龙江

洛古河

洛古河村民和挂着灯笼的民居

的大江大河的奔腾……

或许是冰雪还没融化，我们在洛古河村子转了半天竟没见到一个人。原先老孟想好在洛古村找家餐馆，请我们吃顿地道的农家餐，可这回村子里的小餐馆全都人去屋空着。老孟说因这季节不会有人到这儿来，所以村子里的人都外出打工去了。

老孟带着我们直接走进了一户人家的院子，一位约摸四十多岁的汉子迎了上来。老孟向他介绍我们是行署和上海的客人，想在洛古河村吃一餐农家饭，因餐馆都关了，所以看他家能否帮我们做一顿饭。

汉子一口答应并请我们进屋喝点茶，他说他是这个村的村长叫马照银，家里正好也贮藏了些过冬菜，他马上就叫媳妇去做。

从冰天雪地走进了暖洋洋的小屋子别提多舒适了，马村长让我们在入座后便催着媳妇给我们做饭去。

在等着吃饭的时辰里，老孟和郭红在外边一间

 地理知识百科

洛古河村和洛古河

洛古河村就端坐在黑龙江的源头，被称为黑龙江源头第一村。现有农家36户，至今已有90多年的历史。清一色木刻楞的建筑，据说这种建筑冬暖夏凉，很适合高寒地区的人们居住。

洛古河源于蒙古肯特山的石勒喀河和源于中国大兴安岭西坡的额尔古纳河，在洛古河村汇流，形成黑龙江的源头。洛古河村的西面是内蒙古，北面跨过黑龙江就是俄罗斯。河上没有桥，到了每年冬季河面结冰后，对岸的俄罗斯的木头就通过冰面运过来。路边一个小小的绿色罐头房就是俄罗斯的边境检查站了。

走在那高高的大兴安岭上

地　名 ● 洛古河村
关键词 ● 马照银、午餐

屋子里打牌,陆兄坐在中间的大屋子里埋头看书,图科长则在屋子里踱步,司机坐在陆兄边喝茶,而我拍下了他们每个人此时此刻的情景后便又到村子里去闲逛拍摄。

等我在村子里转了一圈回到村长家,屋子里已弥漫着香味儿,原来一桌农家饭已准备好了。一共是五个菜:笨鸡烧土豆、猪肉酸菜粉丝、猪肉土豆片、油炸花生米还有生菜萝卜……主食是包子和馒头,另外马村长还替我打开了一瓶北大仓。

这顿饭我们几个吃得特别香,饭后老孟跟村长结账,村长竟怎么也不肯收钱,后来我们都说不行,村长才收了100元钱。要知道在漠河县城买个小笨鸡都得花150元钱哪,望着村长和他媳妇那份质朴的神情,连当地人老孟都感动得了不得,他紧握着村长马银照的手说:"大兄弟啊,这账我记着了!"

这条美丽的山路通往洛古河村

洛古河

109

新建的漠河县城

我无缘看见观音山上现佛光

如果我问大家漠河最值得一去的地方是哪里?回答一定是北极村。这个回答应该说并不错,毕竟漠河就是因北极村而出名的,而且北极村被认为是中国最北的一个村落,有"中国北极"之称。只是我要告诉大家,在前往北极村的路上,有个地方是一定要下车前去登一登拜一拜的,那就是著名的观音山。

漠河观音山风景区,位于加格达奇—漠河公路547公里处,是漠河观光游览的胜地。这里山势舒缓,山形俊秀。山下是著名的胭脂沟,山间小溪缓缓流向山下,预示着溪水直通南山。这里的北极林海观音10.8米原身像坐北朝南,与海南南山坐南朝北的海上观音108米法身像南北相望,遥相响应,成为众多游人来此膜拜瞻仰的必到之处。

著名的漠河观音山风景区

漠河观音的佛光

据《漠河日报》上报道说,漠河观音山林海观音奉安之后,观音山一年内三次出现"佛光普照"的神奇景象,分别是在2007年7月27日、7月29日和9月25日,时间都是上午9时到10时之间,持续时间长达一两个小时,景观基本相同。

第一次出现"佛光普照"的时候,大家一起仰

感受观音慈祥之光

我差一点也能亲身沐浴观音山佛光,但因缘分未到而与之错过。

2010年3月12日一大早,漠河民族宗教局的孟局长陪同我前往观音山和北极村。我们的车子刚过一个路口,便因一突发事件而被警察拦了下来。警察让我们这些社会车辆先在此等候一下。

路边正好有个林场的露天仓库,堆了许多从森林里伐下来的圆木,还有铁轨通火车,不时地将这里的木头运出去。见有许多伐木工人正在作业,我们便进去感受一下这里热火朝天的气氛。

半个小时后我们得以继续前行。

我们将要去的观音山景区属孟局长的管辖范围,他说这两年正在抓紧观音山景区的基础建设,到2010年底观音山的大雄宝殿就要建成开光了,到时又是佛教盛事。他说现在民宗局的工作人员和观音山的两个和尚都住在山上,每周都要送一次菜上山。怪不得我们的车里放了一袋米还有油和蔬菜,今天正好顺路送上山。

就在这时司机的电话铃响了,接听电话的司机突然惊叫起来:"真的?"

观音山旁的佛像

望天空,只见湛蓝的天上,淡淡的白云,一轮艳丽夺目的七彩光环如雨后彩虹,环绕着洁白如玉、恬静高雅的观音像四周,景象极为神奇美妙。

佛光大都出现在名山之巅、云海之上或者是雨后初晴时,但短短两个月内连续三次出现在北国阳光灿烂的晴朗天空,则让许多人感到了神奇。佛经中说佛光是从佛的眉宇间放射出的救世之光,吉祥之光。所以观音山神奇的"佛光普照"更是让当时许多来此叩拜的善男信女们感受到了巨大的福祉,很多人在林海观音像下五体投地,长跪不起。

观音山的玄谛和尚

放下电话司机告诉我们,电话是住守观音山的玄谛和尚打来的,玄谛问我们快到了没有,因为此刻观音山佛像上空碧蓝如洗的天空中竟显出了美丽的佛光。司机说若没有堵车,佛光展现时应该是我们正常到达的时间。后来玄谛和尚告诉我们,今天佛光显现了有十几分钟,如彩虹般的几道玄光,在观音像的头顶上由浅至深闪烁着,美丽极了。玄谛当时心想我们真是有福分啊,第一次来观音山朝拜就能遇上佛光。我跟玄谛和尚说,真实并不能怪堵车啊,早上这一堵车确实耽误了我们的时间,但这只是表象啊,关键还是我们修得还不够啊,所以没这个缘分。玄谛和尚似乎从我的话中感受到了共鸣,他轻声在我耳边说了句:"阿弥陀佛!"

我们抵达观音山时已是中午了,车停在山脚下,我们沿着山路往上走,洁白神圣的观音佛像已出现在了眼前。在观音山上我烧了三炷香并长跪磕头。我这些年也叩拜过很多观音菩萨,但在北极漠河如此这般蓝天白云之下的感觉却是最独特最美好最难忘的。虽然没有亲身沐浴佛光,但此时我仰望观音佛像,一样感受到了观音佛像的慈祥之光、圣洁之光……这些光芒此刻已穿透我心而让我身处其大慈大悲大恩之中……

> **百科知识**
>
> **林海观音圣像**
>
> 漠河观音山景区的林海观音圣像于2000年10月建成并奉安于海南南山佛教文化苑光明广场中央,后经漠河县与南山旅游公司协商,将南山海上观音原身像北迁漠河,于2006年9月22日,南山海上观音原身像奉安在神州北极观音山上。这是正观音的一体化三尊造型,每尊观音菩萨各持不同法器,代表了观音菩萨的不同化身,反映了观音菩萨普度众生的方便之门。

观音山供客人烧香之处

走在那高高的大兴安岭上

地　名 ○ 观音山
关键词 ○ 林海观音像

著名的林海观音圣像

北极村里找不到北

晚上6点刚抵达漠河，便迫不及待地问前来接我的漠河民宗局孟局长，咱啥时去北极村。漠河北极村原名漠河村，位于大兴安岭以北黑龙江上游的南岸，与俄罗斯的依格那思依诺隔江相望。地理坐标为东经122°，北纬53°，所以有中国最北村落之称，并由于处于极地，因此在夏天便有"不夜城"之称。

1860年便有人居住的这个小村落，一直到近

陪我们前往采访拍摄的加格达奇民宗局郭红科长

北极村在黑龙江岸边立的"神州北极"界碑

北极村边著名的李金镛祠堂

150年后才渐渐地为世人所关注。1997年漠河县政府开辟北极村为"北极村风景旅游区"，成为全国最北的旅游景区。

最北的旅游景区

尽管我的漠河之行是冲着著名的北极村去的，但当我真的走进北极村后却感到了一份遗憾，因为眼前的北极村并不是我想象中的充满了原始、自然和苍茫的旷野之地，而是变成了一个人为制造出的景观村。单看那一间间建得风格差不多的小木屋，再看这些小木屋上挂着的牌子，不是"北极人家"就是"最北人家"，还有就是"北极宾馆"、"北极哨所"和"最北邮局"，我甚至在北极

走在那高高的大兴安岭上

地　名：北极村、中华北陲
关键词：拉力赛

北极村

北极村有一著名的标杆，上面标着从北极村去往世界各地的公里数及经度纬度，这是北极村著名景点

著名的北极村"中华北陲"大鼎

广场边的桦树林里见到了"中国最北厕所"……

走进北极村最先看到的是用花岗岩铺成的北极广场,在临黑龙江边的护栏旁置着一块巨石,上刻"神州北极",我看到几乎所有的人都在这块石头边留影,走马观花的游客的确会因为身后有"神州北极"这四个字而陡生出一份苍茫的感觉……北极村景区早已不是原来意义上的漠河镇了,如今它就像个电影的外景地,一切都取悦和满足现代消费的需要。随着全国各地的游客越多,真正的北极村就离我们越来越遥远。当边上邻近村落连电和水都无法正常保证供应时,北极村里却遍地是银行、邮政、移动通信、宾馆、餐厅、商店,完全变成了一个现代化的城镇并终于失去了真实的面目。

陪同的漠河民宗局孟局长说,既来之则游之,所有感慨全都留在文字里吧。于是我们便去寻找中国的最北点。我们沿着路边三角形指示牌前行,穿过摇摇晃晃的铁索桥,沿着蜿蜒曲折的木板栈道,走到了北极桠口广场。一块巨石上面刻着"中国北极点"。尽管我知道最北点其实还在更

结冰的黑龙江

走在那高高的大兴安岭上

地　名：北极村、中华北陲
关键词：拉力赛

北的黑龙江主航道边境线上,但在地理标示上这里则的确为中国大地的最北尽头。

广场竖立的原木上,密密麻麻钉着带有三角方向标示的小木牌,上标着新德里、纽约、开罗等世界大城市距此地的公里数。紧靠旁边还有已被风雨裂开的图腾柱,夸张地刻着龇牙咧嘴的古人面部,瞪着眼睛,瞅着路过的芸芸众生。在一块角落里蹲着半人高的原木,截面上清晰地展示着年轮纹理。温带树木主干每年生成一圈深浅相间的环纹,我仔细观察其中最粗大的截面,环纹无法数清,起码超过一千圈。凝视着这些和我们数十代先辈们同时代生存的植物,不由得让人感叹起人生的渺小和短暂……

本页五图:北极村不同风格的景色和中国界碑

北极村

北极村农家小院

老孟请我们在"中国最北人家"用餐。这是一座用木栅栏圈起来的小院,院中建有三间连体的木刻楞坡顶平房,正对马路的山墙上开一扇大窗,边框涂成蓝色,窗子上方的木板墙上,用红漆书写着"中国最北人家"。老孟说这里原来住的是几户村民,几年前漠河县政府将这几间房子买下建成了"中国最北人家"客栈。政府请的客人都安排到此处用餐或住宿,如果夏天来要提前一个月预约。

"中国最北人家"看似简陋纯朴,但走进去则是另一个世界。吊灯、墙布以及大理石窗台和沙发……充满了现代气息。能在这样一个独特的地方用上一顿精美的午餐,也不失为一份难得的体验。

现代化的北极村依然有质朴感动

当然现代化的北极村依然也还有着原始质朴甚至让我感动的地方,村里最让我留恋的是村边封冻的黑龙江。冬天的黑龙江已经全部结了冰,西北风把上面的冰雪刮成了鱼鳞状,江这边是中国,另一边则是俄罗斯。此时,这里变成了人们的冬季乐园,热闹非凡,打雪仗的闹成一团,一架架马拉套子在江面上飞驰,冰嘎子不停地在冰面上飞旋。零星可见的凿冰捕鱼的漠河人非常可爱,每张脸都被吹得红红的,道道沧桑,像极了因纽特人。走过去询问捕鱼的技巧,无论是大人小孩,都会热情地为你讲解。同行的陆兄兴奋得干脆脱光了上衣赤膊躺在了冰雪里……

走在那高高的大兴安岭上

地　名 ● 北极村、中华北陲
关键词 ● 拉力赛

我抵达的那天江上正在准备三天后将要举行的2010年度漠河汽车拉力赛,五颜六色的赛车在千里冰封的江上划出一道道美丽的轨迹,而对岸近在咫尺的森林和山脉便是俄罗斯赤塔州的美丽原野。这是我迄今见到的离俄罗斯最近的一段黑龙江界河,我粗略算一下估计从北极村走到对岸也就是几百米的路。江边除了"神州北极"的巨石外,还有一尊前苏联红军雕像,边上有块铜牌,记录着一段感人故事。雕像的主人是一位叫安德烈的苏联红军大尉,1965年黑龙江涨水,将北极村沿岸的房屋冲毁,几百位村民的生命危在旦夕。紧要关头对岸的苏联边防军在安德烈的带领下赶来救援,他们与中国边防军一起救助了被大水围困住的北极村的村民,但安德烈却在这次救援行动中

黑龙江上汽车拉力赛赛场

地理知识百科

漠河县

漠河县位于中国大兴安岭北麓,黑龙江上游南岸,中国版图的最北端,地理坐标为东经121°07′至124°20′,北纬52°10′至53°33′,是中国纬度最高的县份。总面积18233平方公里。境内有汉、蒙、回、满、朝鲜、鄂温克、鄂伦春、锡伯、土家等11个民族,人口约逾10万。漠河资源丰富,黄金开采已有百余年的历史,曾被慈禧指名为"胭脂沟"。所辖旅游景点北极村是中国唯一可观赏到北极光和极昼现象的地方。

北极村

北极村是中国黑龙江省漠河县最北的村镇,同时也是中国最北的城镇。北极村位于北纬53°33′30″,东经122°20′27.14″。北极村是中国唯一观测北极光的最佳地点。中国"北方第一哨"北极哨所处于北极村。同名的还有芬兰北极村,美国北极村。

与我同行的陆世纶站在结了冰的黑龙江江面上玩冰雪

不幸落水牺牲。几十年后的2000年,大兴旅游已经富起来的北极村村民们没有忘记当年的苏军大尉安德烈,于是村民们集资在黑龙江江边为安德烈立了一尊像,永远纪念这位勇敢的苏联军人。

尽管如今的北极村充满了商业气息,尽管几乎没有一个游人在这尊雕像前拍照,更没有人有兴趣过来看一眼铜牌上的字,但对我来说这个叫安德烈的苏军大尉的雕像足以让我永远地记住了北极村,因为北极村至少还有一个地方让我感动着……

行走中国 /白山黑水——诗意黑龙江

北红村才是中国最北点

在漠河的最后一天,老孟陪我去了一个名叫北红的村庄,当地人叫它大草甸子。北红村村长王琦文一早就在漠河县政府门口等我们,捎上他后我们便直奔北红而去。

原以为北红村只是一个普通的村庄而已,在路上才得知我们即将要抵达的北红村也就是大草甸子,是真正的中国最北的村庄。

王琦文村长跟我聊起他的家乡满脸的激情和自豪:"我们北红村地处大兴安岭最北部的原始森林和群山之中,滚滚黑龙江流经北红村的北面,以江划界国境线位于其主航道中心线上。一半属中国另一半归俄罗斯……虽然知道的人不多

北红村紧挨俄罗斯,这户人家的后院距对岸的俄罗斯只十几米的距离

甚至地图上根本就没有这个村子,但北红村林木浓密,野果遍地,随处可见野猪、狍子、雪兔、山鹰等动物,到了秋天村子里到处是蓝莓、红豆(雅各达),蘑菇、木耳和野生灵芝……"

宁静如画的北红村

车到北红村的时候,已经近中午时分了,放眼望去村子里竟没有一个人,四周显得是那么的宁

北红村村景

北红村村景

静,阳光照射着堆满了积雪的木刻楞和篱笆墙,我们仿佛走进了一个童话世界。王琦文的家在江边,站在他家院子里能见到江对岸俄罗斯村民正在伐木。

老孟说如果夏天或秋天来时,踩踏着黑龙江边的鹅卵石,望着对岸近得仿佛伸手便可触摸的俄罗斯山脉和森林,那感觉美得简直就像活在画里。

我觉得此刻虽然不是万紫千红的春天,虽然没有绿色的树林,但眼前洁白的积雪覆盖着的村庄和山峦,黑龙江上晶莹纯静的冰层以及那透着晶莹凝固着的空气,一样在弥漫着无限的生机和浪漫的诗意……

北红村或者说大草甸子,是我见过的最纯朴

北红村的短脚马

最本真也是最自然原始和美丽的村庄。村子里那几十间木刻楞（苏俄风格的房子），全是上世纪1958年建村时留下的。如今村子里没有任何如旅游景点般的建筑，尽管北红村比北极村更加拥有旅游价值和潜力，村子里却没有充满商品经济的痕迹，北红村的村民们生活得很艰辛。早春时节，江上冰层没融化，还没到开春捞鱼的时候，地里也是厚厚的积雪，春种还得等上两个月，北红村里的这些俄族村民便在屋子里烤小列巴吃，家家户户都弥漫着列巴的香味……他们的长辈就是这样生活的，半个世纪都过去了，现在的北红村人依旧生活在过去的岁月中。

拜访村里俄罗斯族人

说起北红村，要提一下韩素云老人，这位中俄混血儿是北红村的名人。她虽然出生在中国并一直生活在北红村，却会说一口流利的俄语，所以对岸的俄罗斯人都认识她并跟她成了好朋友。韩素云还是整个黑龙江俄族人中，为数不多的已经找到她的妈妈在俄罗斯的亲戚的人并已多次获邀去俄罗斯探亲。

王村长带我去她家，但不巧没碰上。她女儿说她又去俄罗斯了，要5月份才回来。于是村长又带我来到一位叫张金丽的俄族人家，张金丽见了我们特别热情，不仅端茶送列巴，还翻出当年的老照片给我们看。张金丽指着照片上的两位老人说这是她的俄罗斯奶奶和爷爷，当年都是海参崴的贵族。跟大部分在黑龙江的俄族人的历史和命运一样，十月革命使张金丽祖先的家族成了苏维埃专政的对象，所以只好背井离家远走他乡。张金丽说他们家是从洛古河村迁来的，三年自然灾害时母亲生下了她，不久父母亲都饿死了，两岁的张金丽被一个好心人收养并被带到了北红村。得知我是上海来的，张金丽竟说了几句上海话。原来当年北红村是上海知青的一个点，最多时在这儿生活着近两百名上海知青，他们与北红村的村民们同甘共苦了差不多有7年时间。

北红村俄族村民拿出老照片给我看

走在那高高的大兴安岭上

地　名 ● 北红村
关键词 ● 最北点、王琦文

在北红村村长王琦文家做客

在北红村村长王琦文家做客

在北红村王村长家做客

这是我大兴安岭之旅中吃得最感动的一顿饭：红焖细鳞鱼（这鱼是村长母亲一大早让人去江上砸冰打的）、红烧狗肉、小笨鸡烧蘑菇、肉皮冻（村长母亲专门做了这个当年经常做给知青吃的菜）、猪头肉（北红村的习俗，对尊敬的客人才会端上桌的菜）、新鲜的大鸭蛋、俄罗斯小列巴（张金丽送来的）、黑面馒头以及小米粥（村长母亲一大早发面做的，她说上海知青最喜欢吃她做的馒头）……

北红村村长王琦文的母亲做俄罗斯小列巴招待我们

王村长特意在家为我们备了中饭，他说这是他母亲的意思。开始我还没明白王村长的话，后来到了他家见了他母亲才明白了王村长的话。原来村长的母亲当年是教师，与上海知青关系特别好，当年许多上海青年白天干活晚上就来她家跟她学文化。如今虽然知青返城都几十年了，但每年都有知青来北红村看望她。2008年知青下乡40周年，北红村来了几百名上海人，当年跟她学文化住在她家的那几个青年，不仅带着自己的孩子们来看她，并且还在她家又住了几天，重温当年岁月。所以村长说，母亲一听来上海人了，就觉得特别亲切，说什么也要做顿饭招待一下。

地 理 知 识 百 科

北红村

北红村坐落于中国的最北端，中俄交界处，隶属于黑龙江省漠河县，黑龙江沿村边而过。北红村是远离城市喧嚣的净土，真正的最北的村庄。

到了漠河，到了北红村，如果不去寻中国最北点，那等于没有来过漠河，没有来过北红，就等于没有找到北。在北红村，坐车由S209国道或搭乘快艇由黑龙江上去往中国的最北点——乌苏里浅滩，那里有中国真正最北点的测量标志点（《中国国家地理》杂志2009年10月东北专辑详细地介绍了极致点——乌苏里浅滩）。那里也是北红村村民的一个捕鱼点。如果季节合适的话，可以参观村民捕鱼，感受体验渔民生活。

另外也可以租赁小木舟顺流而下（不过要花费一定的时间，适合于享受生活型的旅游者），充分感受泛舟江上的感觉，只是回程的时候就要体验逆流而上的劳累了。也可以去大草甸子岛去休闲。

难忘北大荒

世界上有三块著名的黑土地:一块在美洲——美国的密西西比河流域;一块在欧洲——第聂伯河畔的乌克兰;一块在亚洲——中国东北角的北大荒。

北大荒位于中国的黑龙江省境内,横跨东经123°40′到134°40′、纵跨北纬44°10′到50°20′之间。总面积5.43万平方公里。北部是气度不凡的小兴安岭地区。莽莽山地,平缓丘陵,阔大的谷地,峰回路转,藏珍奇无数。西部是松嫩平原区。嫩江从伊勒呼里山千里南下,与松花江双水合流,相拥东去,给人梦幻般的遐想。东部是著名的三江平原区。黑龙江一泻千里,松花江九曲十折,乌苏里江温和恬静。三条水脉在平原深处幽然相会,东流到海。浩瀚的兴凯湖依傍其旁,秀丽的完达山横贯其中。平均海拔54米,万分之一的坡降构成罕见的平坦地势。

这里就是北大荒

著名的北大荒烟叶

从饶河坐长途车驶抵密山，已是晚上7点多钟了。好在原先订好的小旅馆就在火车站对面，所以很快疲惫的身体便蜷缩到了软软的床上。窗外灯火通明，此时正是喧闹时刻，与并不遥远的饶河的寂静形成了巨大的反差。毕竟饶河只是一个县城，而密山早已是个规模不小的通商口岸了。

北大荒开垦从密山开始

密山位于黑龙江省东南部，与俄罗斯隔兴凯湖相望，以境内蜂蜜山得名。位于穆棱河与兴凯湖之间有一座山峰，海拔574米，相传百年前此山森林茂密，野蜂成群，岩峦上蜂蜜流淌，故称蜂蜜山。当年清政府设治时，命名为"蜜山府"，待批准铸造印鉴时，则将蜜山改为了密山。虽然密山只是黑龙江的一个县级市，甚至对于大多数中国人来说根本就不知道密山在何处，但是这个小小的县级市有着许多令人回味的历史和很值得人们身临其境的地方，甚至对于整个中国来说也是一个举足轻重的地方。

密山对于中国来说最重要的一笔就是开垦北大荒，因为当年王震率十万官兵挺进蛮荒的黑土地，第一站就是密山，并且将密山作为开垦北大荒的指

密山景色

难忘北大荒

地　名 ● 密山当壁镇
关键词 ● 北大荒

著名的北大荒碑林馆，内藏许多当年生活在北大荒的作家和艺术家的手迹

左两图：当壁镇王震将军开发北大荒纪念馆

著名作家丁玲当年在北大荒写的文章手迹

挥部所在地,从此密山成为了三江平原上的北大荒的代名词。因此,如今的密山虽然有丰富的旅游资源,但是感受当年垦荒时如火如荼的岁月,缅怀先辈们为理想为祖国的建设而不怕牺牲艰苦奋斗的精神,依旧是许多前来密山旅游的人们的首要愿望。

我便是其中一员。由于行程的原因,我在密山只有一个白天的逗留时间。因此我修改了原先安排好的大小兴凯湖一日游的行程,改为半天缅怀北大荒,而兴凯湖一日游变成了走马观花兴凯湖。

缅怀北大荒

北大荒指的是黑龙江北部三江平原、黑龙江沿河平原及嫩江流域广大荒芜地区。据史料记载,这里并非自古以来就是蛮荒之地无人开垦,中国历史上著名的女真人就曾以此为栖息地并逐渐发展壮大。但到了清朝时,由于满人大量入关,俄国势力也趁虚进入,再加上清王朝为了巩固祖先的龙脉,严禁汉人进入东北地区,所以才最终使得边境千里的这片曾经的热土,再次人迹罕见田地荒芜起来。

直到20世纪50年代初,曾经率著名的三五九旅解放了密山的王震将军再度挥师北上,率十万转业官兵来他们当年战斗过的地方进行大规模垦荒,才使得北大荒变成了如今中国最大的粮仓和绿色农业基地。北大荒总面积5.43万平方公里。北部是小兴安岭地区,西部是松嫩平原区。嫩江从伊勒呼里山千里南下,与松花江双水合流共同灌溉这片美丽的土地。东部则是著名的三江平原区,黑龙江一泻千里,松花江九曲十折,乌苏里江温和恬静,三条水脉在平原深处幽然相会东流到海,而浩瀚的兴凯湖依

难忘北大荒

地　名　● 密山当壁镇
关键词　● 北大荒

傍其旁，秀丽的完达山横贯其中。在千里沃野上，北大荒人耕种的水稻、小麦、大豆、玉米成方成片一望无边。昔日的荒蛮之地如今成了"捏把黑土冒油花，插双筷子也发芽"的沃土。

王震将军当年率师开发建设北大荒的纪念碑和北大荒开发建设纪念馆，就坐落在密山当壁镇的兴凯湖畔。

为展示北大荒的发展，弘扬北大荒精神，1993年黑龙江省北依完达山脉，南临兴凯湖，在风光秀丽景致宜人的密山当壁镇建起了王震将军率师开发建设北大荒的纪念碑和北大荒开发建设纪念馆。纪念碑的正面镌刻着"王震将军率师开发北大荒纪念碑"的碑铭，背面记叙了将军率师开垦北大荒的艰苦创业史。碑的前方是由五色土壤嵌成的五角星，碑两侧的花岗岩浮雕，展现了10万复转官兵、50万支边青年和城市知识青年、科技人员和移民共同开发北大荒的宏伟壮丽的历史画卷。岁月仿佛在这里凝固，50年前的开荒犁声又在耳畔响起……而背面文字则为"密质宝镜千里沃野变良田"和"完达山下英雄建国立家园"。

地理知识百科

北大荒

"北大荒"旧指中国黑龙江省北部三江平原、黑龙江沿河平原及嫩江流域的广大荒芜地区。这里并非自古以来就荒凉无人开垦，曾经击败过与北宋的女真人就在此生存发达。清朝时满人大量入关，俄国势力趁虚进入；加上清王朝为了巩固祖先的龙脉，严禁汉人进入东北地区，使得边境千里人迹少见。直到中国50年代进行大规模开垦，经营农场，才使得北大荒变成了如今的北大仓。

纪念馆建筑面积1540平方米，拾级而上，进入纪念馆大门，大厅正中为王震将军的半身汉白玉雕像，塑像前是刻有王震将军生平的石碑。王震将军不但战功卓著，而且在解放后先后率部开发新疆、北大荒和海南等地，他在离开后还关心着这里，不但回来看望当年开荒的退伍铁道兵，还亲笔题词"向北大荒的开拓者和建设者致敬"。

纪念馆给人感觉庄严肃穆，馆内陈设着王震和当年垦荒者们在北大荒开发建设初期的一些珍贵图片和使用过的劳动工具等历史文物。在展览的结尾处是一张王震站在金色的麦田里眺望的照片，有位参观者写下了如此充满哲理的留言："王震将军仿佛在回望那段北大荒垦荒的岁月，更像在眺望北大荒金色的未来……"

北大荒的丰收景色

美丽的兴凯湖

既然已经到了密山,那兴凯湖就不能不去了,尽管因时间紧而最终只能是走马观花……

我离开北大荒纪念馆时已是下午时分了,陪同我的密山民族宗教局金永山局长亲自驱车一路紧赶慢赶将我送到湖边。下午的兴凯湖除了我和金局长竟然没有一个游人,金局长说可能天气热再晚点人们就会出来了。没有游人打扰这倒让我有机会宁静地面对着烟波浩渺的湖面感慨了起来……

虽然我是第一次来兴凯湖,但是我差不多在30多年前就曾经向往过这片美丽的水域……在我心中,如天鹅绒般平滑而厚重的兴凯湖水,缓缓地拍击着沙岸……极目远眺,水天一色、碧波浩渺、鸥鸟翔集……蓝天、白云、沙滩、湿地、森林,勾勒出一幅人间天堂般的美丽画卷……这是当年的著名小说《江畔朝阳》给我的幻想。那时我只有十几岁,在文化枯竭的年代里,这部描写当年北大荒年轻人青春与梦想的小说《江畔朝阳》,成了我对眼前这片浩渺苍茫的湖水以及脚下的这片黑色热土的最早启蒙。

兴凯湖是世界少有的集湖泊、沼泽、森林、草原于一体的完整生态系统,放眼望去,气势磅

美丽的兴凯湖夕照

难忘北大荒

地　名● 密山
关键词● 兴凯湖

〇二七　兴凯湖

133

著名的兴凯湖宁静的湖面景色

礴壮阔无边。湖泊主要由大、小兴凯湖两部分组成,大兴凯湖是中俄界湖,总面积是4380平方公里。北面属中国,面积为1240平方公里,南面的3140平方公里则属于俄罗斯。而小兴凯湖是我们国家的内陆湖,面积176平方公里。

地质学上说兴凯湖是6500万年前的一次火山喷发中造成地壳陷落形成的,10米高的湖冈将其分为大小两湖,大湖呈葫芦形,总面积4380平方公里。而民间也有美丽的故事,传说这里原是七仙女姐妹经常偷偷下凡嬉戏的地方。有一天姐妹们玩兴正浓,忽然狂风骤起浊浪排空,七仙女信手将一条纱巾抛出,湖水即刻清澈平静,纱巾也化为一道沙冈卧贯东西,于是兴凯湖便被隔成了大小两湖。

地理知识百科

兴凯湖

兴凯湖为中俄界湖。在黑龙江省东南部,位于黑龙江省鸡西市东部,距密山市35公里,北部三分之一的面积为中国,南部属俄罗斯。大兴凯湖南北长达100多公里,东西宽达60多公里,面积4380平方公里,湖面海拔69米,最深处10米,总储水量约240亿~260亿立方米;小兴凯湖东西长35公里,南北宽4.5公里,面积176平方公里,最深处4~5米。北纬45°20′,东经132°40′。12月开始封冻,10~15天内湖面全部冻结。2月底到3月初冰层厚达0.9米。4月中、下旬解冻。

据史料记载,在1860年以前,整个兴凯湖全是中国版图的内陆湖。1860年清政府与沙皇俄国签订了不平等的《北京条约》,将兴凯湖自松阿察河河口的主航道中心线以南大部分水面并乌苏里江以东大片土地割让给沙皇俄国,兴凯湖由此成为中俄界湖。

兴凯湖所在地密山市景

兴凯湖水产养殖场

兴凯湖畔美丽的向日葵花

全国四大名鱼之一的兴凯湖大白鱼

兴凯湖不仅景色迷人,更是有着丰富的资源。在兴凯湖90多公里长的湖岗上,栖息着190种天鹅、东方白鹳、丹顶鹤等国家一级保护类珍禽和鸳鸯、鹭鸶、大雁、野鸭等大批候鸟。而著名的兴凯湖湿地则是国家级湿地自然保护区。我站在茂密的柞树林里,看着宽广的大草甸笼罩在夏日的阳光里,满眼都是青翠碧绿。

当然来兴凯湖不能不吃一次著名的兴凯湖大白鱼,即使时间再赶也要尝尝鲜。于是我们在湖边的一间小餐厅就座,喝着小酒品尝清蒸大白鱼,这一刻才让我体会到了什么是鲜美啊。

被誉为全国四大名鱼之一的兴凯湖大白鱼,色白如银体形硕长,与乌苏里江的大马哈鱼、绥芬河的滩头鱼并称为"边塞三珍"。兴凯湖大白鱼专门以兴凯湖特有的白虾为食,肉嫩味鲜,是不可多得的水产珍品。

关于兴凯湖大白鱼,民间还有个传说。相传唐代有位皇帝南巡,御舟行至当壁镇界内时,忽有一尾大白鱼跃出水面,落在御舟之甲板上。只见鱼儿活蹦乱跳,阳光照射下银光熠熠逗人喜爱。皇帝令御厨烹饪并品尝后,对此鱼的美味大为赞美。从此兴凯湖的大白鱼就被列为了贡品,而大诗人杜甫也写下了"白鱼如切玉"的诗句……如今兴凯湖大白鱼人工繁育和驯养已被列为农业部重点科研项目,经过10年的科学研究和艰苦努力,已经填补了国家人工繁育养殖兴凯湖大白鱼领域的空白,并全面进入了生产阶段。

坐在岸边望着宁静的兴凯湖,品尝着鲜美的大白鱼,我没想到多年以前年少的我神往着的这个如诗如画般的湖泊,此刻会如此实实在在地被我攥在了手中。

百科知识

兴凯湖白鱼

兴凯湖白鱼仅生存于大兴凯湖,历史上曾占兴凯湖渔获的绝大部分,"兴凯湖白鱼"由此得名。

兴凯湖白鱼其色如玉,成群栖息于淡水上层,体形长、侧扁、口大、背鳍具硬刺臀鳍延长。以鱼和水生昆虫为食。重量多在2.5—3.5公斤之间,大者可达5公斤左右。常与乌苏里江的大马哈鱼、绥芬河的滩头鱼并称"边塞三珍"。

游客可从哈尔滨坐火车到密山,转乘开往兴凯湖的汽车,东行91公里即到。

扎龙湿地拍丹顶鹤

初秋的清晨天还没大亮,一辆出租车已等在我住的酒店门口了。这是我前一天就约好的,因为我要去的著名的丹顶鹤自然保护区扎龙湿地,离齐齐哈尔市还有差不多一个小时的车程。一般的游客可以乘最早的一班公交车前往,但我不行,因为我要抢在太阳出来前拍摄清晨朝霞里的湿地景色。后来我知道要想拍摄扎龙湿地,最好就是住在扎龙乡,这样就有时间在最好的光影里尽情地拍摄。当然这是后话,不过以后我若故地重游一定住在扎龙乡,住在美丽的丹顶

美丽如画的扎龙湿地

鹤身边。

摄影器材打动看门人

早上人少车子开得快，才半个多小时我就已到了扎龙自然保护区。进保护区是要收费的，但因我来得太早，收费的人还没上班，而没交钱买票在门口值班的大爷死活不肯将那扇栅栏门

飞翔的丹顶鹤

打开放我进去。

透过栅栏门我看见不远处的一个小山坡上，竟然已经站着好几位操着"家伙"（摄影师的行话，意指照相机）立着脚架的人，看那架势他们也都是摄影师啊，至少也是超级发烧友。于是我指着他们跟大爷说，我跟他们是一样的，也是搞摄影的，边说还边打开摄影包给大爷看。

大爷说他们是住在这里的，所以不要票。

百科知识

丹顶鹤

丹顶鹤是鹤类中的一种，因头顶有"红肉冠"而得名。它是东亚地区所特有的鸟种，因体态优雅、颜色分明，在这一地区的文化中具有吉祥、忠贞、长寿的寓意等。

行走中国 /白山黑水——诗意黑龙江

扎龙湿地一景

这时我才知道原来扎龙自然保护区内是可以住人的。或许是我一大包摄影器材打动了大爷，他最终打开门放我进去并说他相信我下午离开时会补票的。

扎龙的公主——丹顶鹤

望着已经泛红的天空，我是三步并两步往前面那个山坡上跑去，生怕错过了清晨拍摄的最佳时分。其实爬上了这个山坡才知它并不是个山坡，只是个由沙土和石块垒起的小高地，让游人或摄影师能在一个相对高些的地方观赏拍摄湿地风光和美丽的鹤群以及保护区里的各种珍稀鸟类。

这个所谓的山坡虽然并不高，但居高临下望去，清晨的霞光里一览无余的湿地充满了气势和诗意。弯弯曲曲的河道连着大大小小的湖泊，形成了密如蛛网的水系，沾着露珠的水草在阳光下由青绿渐渐地变得嫩黄起来……

 地理知识百科

扎龙湿地

"扎龙"为蒙古语，意为饲养牛羊的圈。扎龙湿地位于黑龙江省松嫩平原西部乌裕尔河下游，已无明显河道，与苇塘湖泊连成一体，然后流入龙虎泡、连环湖、南山湖，最后消失于杜蒙草原。齐齐哈尔市区西南部，大庆市的林甸县和杜尔伯特蒙古族自治县沼泽芦苇丛，这便是扎龙湿地。1979年建立省级自然保护区。1987年4月国务院批准为国家级自然保护区。区内湖泊星罗棋布，河道纵横，水质清纯，苇草肥美，沼泽湿地生态保持良好，被誉为鸟和水禽的"天然乐园"，1992年被列入"世界重要湿地名录"。

难忘北大荒

地　名：扎龙湿地
关键词：丹顶鹤

我端着相机一个劲儿地按着快门，先趁着光线好把景色扫了一遍，然后便下山坡去草丛和芦苇里去寻找拍摄被誉为是这里的公主，至高无尚的主人的丹顶鹤。

丹顶鹤又名仙鹤，头顶呈鲜红色，额和眼黑色，体羽几乎全为纯白色，集中了鹤类的一切美好特征。最明显的特征是"三长"，即喙长、颈长和腿长，似乎是"上帝"造物时为其在浅水湿地环境中活动觅食而精心设计的。

现世界上丹顶鹤总数仅1200只左右，其中野生丹顶鹤不足1000只，分布于中国、蒙古、俄罗斯、朝鲜、韩国和日本等6个国家，我国占全世界总数的60%左右。在我国，丹顶鹤及其生态环境均受到法律保护，列为国家一级珍稀濒危保护动物，黑龙江扎龙自然保护区已成为国家丹顶鹤保护区。

资料上介绍，丹顶鹤与湿地的关系极为密切，繁殖、觅食都是在湿地中进行，被冠以"湿地之神"的美称。丹顶鹤是典型的候鸟，每年随季节气候的变化，有规律地南来北往迁徙。它多栖息于开阔的芦苇丛或多草的沼泽地带，主要以鱼、虾、贝类和植物根茎、果实为食。

旅游贴士

如何前往扎龙

前往扎龙湿地可在齐齐哈尔第一百货商场乘公共汽车前往，每天早中晚各一班，车程1小时，往返车票10元。另外，在旅游旺季，火车站也有专列直达景区。如果租车的话，150元/半天，车程1小时不到。保护区范围大，不可能遍游，游客只需在区管理局四周一游，即可一窥全貌。

真是功夫不负有心人，在一块草丛里竟让我找到了美丽的丹顶鹤，一共两只在戏耍玩乐。我持着相机轻轻走过去，两只美丽的鹤见人来了不但不跑还摆出姿势让我拍照。离鹤不远的地方有个人正聚精会神地看着我跟鹤在逗乐，原来是扎龙的驯鹤员老吴。

老吴说这两只鹤是几个月前途经扎龙而落户的，就在这几个月里彼此"相爱"了……

近些年扎龙保护区加强建设和保护，冬日里给丹顶鹤充足食物，使候鸟已变成留鸟。其实丹顶鹤并不怕冷，历史上它迁徙的主要原因是扎龙自然保护区等湿地冬季河湖结冰，觅食困难。

4月初的扎龙每天清晨或傍晚，人们常能听到丹顶鹤发出的求偶声，叫声频繁响亮，可传千米远。在选择终身伴侣时，雄鹤主动求爱，引颈耸翅，总是"嗝"、"嗝"叫个不停；雌鹤则翩翩起舞，报以"嗝啊"、"嗝啊"的回答。丹顶鹤一旦婚配成对，一般都能偕老至终。

虽然我没赶上4月，但秋天的扎龙湿地里的丹顶鹤似乎更加美丽，从春天到夏天，它吸取了自然的养分，所以秋天的鹤特别喜欢张开它的翅膀，展示它的美。

草丛中的丹顶鹤

在"东方第一哨"眺望黑瞎子岛

2008年9月,我正在乌苏里江畔的抚远一带旅行,有一天从电视新闻中得知,中俄两国历时40年的边界谈判终成正果。中俄双方将于2008年10月14日在黑瞎子岛上举行"中俄界碑揭牌仪式",随后俄方将把黑瞎子岛西侧一半的岛屿归还中国。

虽然我的旅行地抚远就在黑瞎子岛边上,但因为我在抚远的旅行即将结束,已经没有时间逗留到10月14日这天了。再说即使到了那天恐怕我们这些旅行者也不能上岛,因为回归到中国的半个岛暂时都还是军事要地,尚不会向老百姓开放。好在我临走的那天正好要去乌苏镇的东方第一哨,陪同我的抚远民宗局葛局长说,登上东方第一哨的岗楼便能清清楚楚地眺望到黑瞎子岛。

太阳最先升起的地方

从中国"东极"黑龙江省抚远县向东再行驶约60公里,便可到达著名的"东方第一哨",这

著名的抚远湿地景色

四张上图：东方第一哨和中国界碑

里被称作中国"太阳最先升起的地方"。"东方第一哨"实称乌苏镇哨所，建于1962年，位于乌苏里江江畔，北纬48.2°，东经134.4°。这个哨所流传着一首歌，大意是：在祖国边防最东端的角落，竖立着我们小小的哨所，每当星星月亮悄悄地隐没，那是我第一个把太阳迎进祖国。

哨所战士介绍，夏天这里北京时间凌晨2点多天就开始亮了。而与太阳同辉的升旗仪式则是乌苏镇哨所的一道亮丽风景。有许多游客特意星夜兼程赶来看升旗和日出。在靠近乌苏里江的升旗台上，最引人注目的就是一面高高飘扬的五星红旗。旗杆对面一幅由玻璃罩着的中国地图平放在地上，上书"祖国在我心中"。周围还有气象监测站和一个供游客休息的小凉亭。

在哨所旁还有一块刻着乌苏镇字样的石碑，葛局长告诉我1929年黑瞎子岛被占领之前，乌苏镇十分繁华，主要从事对俄贸易，当地这里商号林立，商店、宾馆、餐厅等配套齐全。1929年发生了著名的"中东路事变"，不仅乌苏

百科知识

东方第一哨

东方第一哨实称乌苏镇哨所，建于1962年，位于黑龙江省抚远县境内的乌苏镇与俄罗斯仅一水之隔，北纬48°15′42″，东经134°40′32″。人称驻守在那里的战士，是第一个把太阳迎进祖国的人。黑瞎子岛位于中俄边界抚远县境内的黑龙江（俄语称其为阿穆尔河）和乌苏里江的交汇处主航道西南侧，是中国最早见到太阳的地方。它的面积约327平方公里（一说约350平方公里），是香港的三分之一、澳门的12倍、珍宝岛的350倍。

北大荒辽阔的土地和山川

镇在苏联的炮火中沦为废墟，100多名中国军人英勇献身，而且通过那次事件，苏联军队便占领了乌苏镇附近的中国领土黑瞎子岛。

终于看见黑瞎子岛了

在哨所九层楼高的瞭望塔上，我终于看到还有一个多月就要回归中国的黑瞎子岛了，在高倍望远镜里黑瞎子岛最引人注目的是一座东正教堂，在夕阳的余辉里金色的塔顶闪闪发光。黑瞎子岛(俄罗斯人称大乌苏里斯基岛)是由银龙岛(俄罗斯人称塔拉巴罗夫岛)、黑瞎子岛、明月岛等3个岛系93个岛屿和沙洲组成。处在与乌苏里江河口相对的黑龙江的河滩地中。

这些岛屿的总面积为350平方公里，连同与其毗连的水域共450平方公里。这些岛屿，相当于70个钓鱼岛，500个珍宝岛，比新加坡的国土面积小一点。

据俄罗斯媒体报道，黑瞎子岛上自然资源丰富多样，70%的面积可用作耕地、割草场或者牧场，岛上栖息着珍贵的毛皮兽和水鸟，在黑龙江及其支流以及河滩湖泊中有许多种鱼类，比整个伏尔加河流域的还要多。从中国境内走到连接黑龙江与乌苏里江的汊道边，就不能前进了，因为汊道口有俄方江防炮艇把守。岛上建有俄国人经营的农庄，还有少量驻军。该岛之间与俄罗斯远东城市哈巴罗夫斯克市之间有浮桥相连。中国人要想到这个岛上去，原来是必须

著名的抚远湿地景色

先出国到俄罗斯,再从哈巴罗夫斯克经该桥上岛。而一个多月后就不用这么麻烦了。根据2004年《中华人民共和国和俄罗斯联邦关于中俄国界东段的补充协定》,中国收回半个黑瞎子岛的主权,获地174平方公里,当中第二大的岛屿银龙岛,因位处黑瞎岛之西北,故此全部归属中国。俄罗斯保留黑瞎子岛东半部分,包括有丘姆卡村和俄罗斯居民的别墅。

由于黑瞎子岛左右分别濒靠黑龙江和乌苏里江两条界江,交通条件十分优越,因此有猜测黑龙江省会在黑瞎子岛上开发旅游项目。

不过哨兵却告诉我,至少在近两年内开发旅游似乎不太可能,黑瞎子岛归还中国后,一般的老百姓还是很难上岛,因为岛上以后主要是驻军,比如东方第一哨就要从乌苏镇搬到黑瞎子岛上。从此以后中国版图上的那只鸡冠,将是最早迎接太阳的地方……

地理知识百科

黑瞎子岛

黑瞎子岛是由银龙岛(俄语称其为塔拉巴罗夫岛: островов Тарабаров)、黑瞎子岛、明月岛3个岛系93个岛屿和沙洲组成。全岛平均海拔约40米,地势平坦,基本处于未开发状态。它并非江中岛屿,而是一块冲积而成的三角洲,地位重要,扼守着黑龙江—乌苏里江通航咽喉,隔江与俄国的哈巴罗夫斯克(伯力)相望。它在中国的行政区划中,归黑龙江省抚远县管辖。但自从1929年中东路事件后,前苏联(今俄罗斯)一直对该岛实施管辖,隶属于俄罗斯哈巴罗夫斯克。它是三面环水、自成体系、全封闭的岛屿。

根据2004年《中华人民共和国和俄罗斯联邦关于中俄国界东段的补充协定》,中国收回半个黑瞎子岛的主权,获地174平方公里,当中第二大的岛屿银龙岛,因位处黑瞎岛之西北,故此全部归属中国。

在哨所看见的黑瞎子岛

行走中国 /白山黑水——诗意黑龙江

黑龙江部分旅游景点推荐

漠河

在黑龙江北部的大兴安岭地区,有一个边陲小镇——漠河镇,位居中国的最北端,素有"中国的北极村"之称。在这里,我们可以看到一种神奇的天文景观——北极光。所以,漠河镇又被称为"不夜城"。

漠河地处北纬53°的中俄界江黑龙江南岸,常年寒冷如冬,夏季只有半个月左右,最高温度也不过20℃,夜里只有10℃左右,而且昼长夜短,白昼可达19小时以上。夏夜,如果你幸运的话,还可在北极村看到北极光横空出世的风采。这是我国唯一能欣赏光耀天地、奇异瑰丽的"北极光"的地方。冬季的"北极村"一派茫茫雪海,千里冰封、万里雪飘的北国风光,飞驰的马拉雪橇,别具情趣,无不令旅游者流连。

漠河以西82公里的洛古河村,就是中国第三大河——黑龙江的源头了。在这里,你既能探访东北母亲河源头;还可沿着一条古代的"黄金之路",寻觅那些艰苦而顽强的淘金者的闪光足迹。

交通

去漠河路途遥远,即使在中国最北面的大城市齐齐哈尔乘火车,最快也要16个小时才能抵达。离漠河最近的车站是漠河县城所在地——漠河火车站,原名西林吉站,6345次列车12:50从齐齐哈尔开出,次日12:26到漠河;4071次列车07:48从加格达奇开出,17:20抵达漠河。6346次列车16:43从漠河开出,次日17:50抵达齐齐哈尔;4072次列车20:08从漠河开出,次日17:53到达哈尔滨。

食宿

漠河县委招待所(西林吉镇),普通四人房一个床位也要30-40元。

五大连池

五大连池风景区位于黑龙江省西北部的五大连池市、小兴安岭西南侧山前台地上，距北安市60公里。四周分布着14座火山体，以及一系列火山矿泉，构成了独特而典型的火山景观，因而有"火山博物馆"之称。是我国著名的火山游览胜地。

由于火山熔岩堵塞的河道，形成了五个相连的火山堰塞湖，因其形如串珠状，故称"五大连池"。

五大连池风景区现已辟为旅游观光、度假疗养、科学考察的综合型自然风景名胜区。主要游览点有：老黑山、五大连池、药泉山、火烧山等风景点。

交通

游客可从哈尔滨乘火车先抵达北安，6小时左右，票价约23元。然后，再换乘汽车前往五大连池。

门票

55元（通票，含4个景区）

扎龙自然保护区

扎龙国家级自然保护区，位于齐齐哈尔市区东南27公里处，面积21平方公里。时至今日，原始自然生态保护如初，有水禽天然乐园之称。其中尤以珍禽丹顶鹤闻名于世，因此，齐齐哈尔市被中国鹤类联合保护委员会命名为"鹤乡之城"。

鹤倚城为生，城以鹤而荣。为宣传齐齐哈尔，市委、市政府把每年的8月1日（建城纪念日）定为观鹤节。这是集经贸、旅游、文艺、体育大成的大型国际性商旅文化节庆。

每年4-5月或8-9月份，约有二三百种野生珍禽云集于此，遮天蔽地，蔚为壮观，每当此时，是游览扎龙自然保护区的最佳季节。

交通

可在齐齐哈尔第一百货商场乘公共汽车前往，每天早中晚各一班，车程1小时，往返车票10元。另外，在旅游旺季，火车站也有专列直达景区。如果租车的话，150元/半天，车程1小时不到。

门票

20元

开放时间

8:00-16:00

镜泊湖

镜泊湖位于牡丹江市的西南面,总面积1200平方公里。是我国北方著名的风景区和避暑胜地,被誉为"北方的西湖"。

其实,镜泊湖底曾是牡丹江上游的古河道,大约一万年以前这一带火山喷发,形成了我国这一最大的高山堰塞湖。镜泊湖南北长45公里,东西为狭长形,最宽处达6公里。湖面海拔350米,湖水南浅北深,最深处62米,最浅处只有1米,水面约90平方公里,容水量约16亿立方米。

这里环境幽雅,一片恬静、秀丽的大自然风光,这正是镜泊湖的诱人之处。在湖的北岸半岛上,有一些建筑别致的小别墅和旅游设施,这就是镜泊湖的游览中心镜泊山庄。除了镜泊山庄以外,整个湖周围很少有建筑物,只有山峦和葱郁的树林,呈现一派秀丽的大自然风光,而这正是镜泊湖的诱人之处。

镜泊湖百里长湖之中,山中有湖,湖中有岛:有气势轩昂的大孤山;有精巧别致的珍珠门;有形神兼备的道士山,除此以外,整个景区还由吊水楼瀑布、城墙砬子、老鸹砬子、地下熔岩隧道、"地下森林"、唐代渤海国上京龙泉府的遗址等风景点组成。镜泊湖以其独特的魅力,吸引着大批游客和科学考察人们前来。

交通

游客前往镜泊湖,取道牡丹江市,从哈尔滨乘高速列车,到达牡丹江,仅需四个半小时,然后,再转乘汽车即到景区中心——镜泊山庄,约需两个半小时。

门票

镜泊山庄20元,虹鳟渔场5元

三江口

三江口是松花江与黑龙江的汇合处,位于同江城东北4公里处,汇合后俗称"混同江",故名为"三江口",黑龙江自西而东流来,水呈墨绿色,平缓而坦荡;松花江泥沙较多呈黄色,黄色的松花江与黑色的黑龙江汇合后的江水汹涌澎湃,水色分明,东流数十里不混,是东北地区著名的自然奇观之一。三江口是历代兵家必争之地,我国的赫哲、满汉军民曾多次在此痛击沙俄对我国的侵略，故有"古战场"之称。经过同江市政府的独具匠心建设，已成为风景独特的旅游观光宝地。

交通

哈尔滨每天都有长途班车前往同江，抵达同江后随手可招小三轮前往三江口。

哈尔滨冰雪大世界

冰雪大世界是哈尔滨国际冰雪节的龙头品牌，于1999年底在美丽的松花江畔诞生，每年举行，汇天下冰雪艺术之精华，融世界冰雪游乐于一园，集思想性、艺术性、观赏性、参与性、娱乐性于一体，场面恢宏壮阔，造型大气磅礴，景致优美绝伦，被誉为恢宏壮阔的"冰雪史诗画卷"。冰雪大世界自举办以来，几经迁址，终于在2001年第三届时定址松花江北岸的太阳岛西区。哈市太阳岛西区包括冰雪大世界在内共占地282万平方米。目前正在建设以冰雪大世界四季乐园为龙头的旅游度假区，将以生态自然风光建设为主线，开发建设国际标准的高尔夫球场、水上乐园、体育娱乐设施及欧陆风情景观。

交通

1、旅游专线车：友谊路发车，途经友谊路、公路大桥至冰雪大世界终点。运营时间：上午9时–晚10时。

2、直达公交车：88路，118路旅游双巴。

3、换乘公交车：先乘坐12路、14路、22路、65路、67路到公路大桥，再转乘80路、85路、346路等途经冰雪大世界的公交车辆，在冰雪大世界下车。

门票

80元

圣索菲亚大教堂

圣索菲亚教堂位于哈尔滨市内，是远东地区最大的东正教堂，通高53.35米，占地面积721平方米，是拜占庭式建筑的典型代表。1996年11月，被列为全国重点文物保护单位；1997年6月，圣索菲亚教堂修复并更名为哈尔滨市建筑艺术馆。

圣索菲亚教堂气势恢宏，精美绝伦。教堂的墙体全部采用清水红砖，上冠巨大饱满的洋葱头穹顶，统率着四翼大小不同的帐篷顶，形成主从式的布局，四个楼层之间有楼梯相连，前后左右有四个门出入。正门顶部为钟楼，7座铜铸制的乐钟恰好是7个音符，由训练有素的敲钟人手脚并用，敲打出抑扬顿挫的钟声。

巍峨壮美的圣索菲亚教堂，构成了哈尔滨独具异国情调的人文景观和城市风情，同时，它又是沙俄入侵东北的历史见证和研究哈尔滨市近代历史的重要珍迹。

交通

游客可从哈尔滨市乘1、2、13、15、64、66、113路等公交车，到哈一百或时装大厦下车即可到达教堂。

门票

20元

太阳岛风景区

太阳岛风景区位于哈尔滨市区松花江北岸，与斯大林公园隔江相望，是闻名中外的旅游区，总面积达38平方公里，具有质朴、粗犷的北方原野风光特色，是城市居民进行野游、野浴、野餐的极好乐园。太阳岛与附近诸岛和沙洲组成了太阳岛风景区，是游览和避暑的疗养胜地。岛上有水阁云天、仙鹤群、母子鹿、长堤垂柳等20余个风景点，游览区内建有太阳山、太阳湖、荷花湖、姊妹桥、亭桥、白玉桥、上坞桥、水阁云天、儿童乐园、丁香园、花卉园、太阳岛志石、锦江长廊、沿江风景线等数十处特色景观，构成了山湖相映、清泉飞瀑、亭桥映柳、荷香鱼跃的美丽景色，给人们增添了无限遐思。

交通

游客可乘101、102、103路电车，13、79路公共汽车，再转乘游船（有索道，往返20元）可直达景点。旅游专线车在友谊路沿松花江公路大桥可直达太阳岛。

门票

30元，雪雕艺术博览会50元

亚布力滑雪旅游度假区

亚布力滑雪场位于黑龙江省东部尚志市境内，距哈尔滨193公里，距离牡丹江市120公里。最高处海拔1374.8

米，这里的极端最低气温是-44℃，平均气温-10℃，积雪期为170天，滑雪期近150天，每年的11月中旬至次年3月下旬是这里的最佳滑雪期。

整个滑雪场处于群山环抱之中，林密雪厚，风景壮观。锅盔山主峰三锅盔已经辟为大型旅游滑雪场，大锅盔和二锅盔曾是第三届亚冬会赛道，现在是国家滑雪运动员的训练基地。

雪场拥有多台造雪机、压雪机、雪上摩托车等现代滑雪场机械设备；雪道设有多条吊椅式和牵引索道，滑雪者可以从任何一处乘索道，不需要脱掉雪板，滑遍场内全部雪道。

无论从雪道的数量、长度还是落差方面来看，亚布力滑雪场都远远胜于国内的其他滑雪场，它无疑是中国最好的滑雪场。

亚布力滑雪场的设施非常完善，共有11根初、中、高级滑雪道，它的高山滑雪道是亚洲最长的。滑雪场内还有长达5公里的环形越野雪道及雪地摩托、雪橇专用道，设有3条吊椅索道、3条拖牵索道和1条提把式索道。这里是开展竞技滑雪和旅游滑雪的最佳场地，1996年2月举行的第三届亚冬会雪上项目全部在这里进行。

对于初次滑雪的游客而言，要注意以下几个方面：

1.初次滑雪的游客应当选择不高于自己身高的滑雪板为宜，雪具没有你想象中的那么轻，一般而言36码鞋的雪鞋加滑雪板20斤左右，之后，每增加一码，雪鞋增重1斤。

2.穿鞋也很有讲究，得把外裤拎起后，使劲地把鞋后的搭扣扣住，再把旁边的按钮揿下，放下外裤，如果你是租用那边的雪服，他们特制的裤边搭扣还可以把雪鞋围住，防止摔跤时进雪，穿好鞋后，站了起来，感觉像绑了石膏似的。接下来，还得踏上滑板，窍门是先前脚掌套住，后脚跟使劲地往后蹬，听到响亮的"啪"一声后，说明你已经踏上滑板了。

3.穿着雪鞋，踏着雪板爬上山，很容易滑了下来，要想使自己不滑下，可以侧着身子走。另外，要想使自己站稳的话，得用倒八字步。从开始滑雪直到停下来始终保持这种动作，在滑行中可以采用小八字、中八字、大八字的变换，来体会三种技术的不同。一开始可以先在缓坡上练习，体会内刃蹬踩的感觉，速度可由慢到快，弧度由大变小，尽可能对称。

4.对于初学者而言，不要直接挥杖并将身体前倾，这样很容易冲下山，滑杖是用来加速用的，蹲身子同样也是用来加速的，你完全可将身体站直，脚腕紧靠着前面的鞋帮，这样会平稳许多。关键是重心要跟着上身一起移动。

5.一般在雪场的右侧有一牵引索道，将游客从山下拉上山，上牵引时不要用手抓住牵引钩，牵引钩应该夹在两腿中间，利用牵引索道把人拖上山借助的是腿部的力量，而不是上身的。

6.在滑雪的时候，要与其他人保持一定的距离，否则会发生碰撞，如果人太多，要尽量控制好速度，不要太快太猛。

除此以外,夏秋季节的亚布力也很适合休闲度假,夏天森林茂密,秋天层林尽染,尤其美丽,在这块空气清新的地方呆上十天半个月,打打高尔夫球、划划船、钓钓鱼,对健康会大有裨益。

交通

1、从哈尔滨火车站乘坐城际列车到亚布力镇,车程2小时,车费30—50元;2、从哈尔滨火车站对面客运站乘坐旅游班车到亚布力镇,车程3小时,车费80元左右;3、从亚布力火车站乘小巴至亚布力滑雪场,车程20分钟左右,车费10元。

门票

10元(滑雪费140元/2小时、280元/半天、380元/全天;租雪服70元/天、50元/半天;特聘滑雪教练180元/2人/2小时、220元/2人/半天、260元/2人/全天、240元/人/2小时、280元/人/半天、400元/人/全天)

住宿:建议游客最好住在风车山庄,因为雪场就在它的门口,十分方便。如果住在远处的宾馆里,步行到滑雪场至少也要15分钟,由于当地天气十分寒冷,这段距离走起来是十分艰难的。风车山庄宾馆双标房价格在300元至500元之间;风车别墅,每幢平均可入住二三十人,收费在4800元至10000元不等;当然,游客也可入住青年公寓,每张床位价格在20到90元之间,整洁温暖,完全可以放心入住。

餐饮

在亚布力可以吃到传统的东北菜,尤其值得推荐的是地三鲜,这是绝对的健康佳肴,由三种从地里长出来的菜炒成,很好吃。风车山庄内设有餐厅,此外亚布力滑雪区内有一些农户开设的饭店,去农户家吃饭一定要坐火炕,在东北的热炕头上吃大盘大盘的东北菜,感觉十分温暖。

冰灯游园会

哈尔滨冰灯游园会创办于1963年,每年冬天在兆麟公园举行,是世界著名冰雪旅游胜地,占地面积6.5公顷,用冰量约2000立方米,冰景作品1500余件左右,是目前世界上形成时间最早、规模最大、并已成为地方传统项目的大型室外露天冰灯艺术展。

冰灯游园会气魄宏伟、景观迷人。哈尔滨的艺术家们用松花江原生冰进行创作,雕塑出千姿百态的冰雕艺术作品,再辅以现代科技手段,便构成了独具北国特色的冰灯艺术。冰灯游园会每年从1月5日开始,一直延续到2

月末。在艺术家和能工巧匠手下,天然冰变成了一件件灵气活现的精美艺术品,变成了冰奇灯巧、玉砌银镶的冰的世界、灯的海洋。

交通

游客可乘101、103、114路电车直达景点。

门票

白天15:30前是10元,15:30后是30元